JN430652

GREEN COFFEE

A GUIDE *for* ROASTERS *and* BUYERS

By Chris Kornman

Green Coffee : A Guide for Roasters and Buyers
그린 커피 : 로스터와 생두 바이어를 위한 가이드

저자 : 크리스 콘먼(Chris Kornman)
커버 사진 : 볼로르 에르덴바트(Bolor Erdenebat)
출판사 : 로스트매거진(Roast Magazine)

영한 번역판
발행일 : 2022년 11월 23일 초판 1쇄
        2023년 3월 31일 초판 2쇄
발행처 : ㈜기센코리아
옮긴이 : 프릳츠컴퍼니 김도현
편집인 : 김동원, 노혜주

Copyright © 2022 Chris Kornman

ISBN : 978-89-98557-03-4

Chris Kornman에 의해 출간된 본 도서의 한국어판 저작권은 (주)기센코리아에 있습니다.
발행 당사의 사전 허가 없이 전체 혹은 일부를 무단 전재하거나 배포하는 행위를 금합니다.

어린 커피 나무 **사진 |** 크리스 콘먼(Chris Kornman)

Contents

감사의 말

모든 교육 담당자와 멘토, 동료, 친구, 가족(부모님을 포함해, 브렌트와 캐시; 그리고 사실상 사돈인 샤론과 밥)에게 저는 갚을 수 없는 빚을 지고 있습니다. 저의 주변 분들과 제가 이 프로젝트를 위해 펜을 잡을 수 있게 격려해 주신 공동체의 모든 분들께; 여러분이 제안해 주신 기회들, 같이 공유한 생각들, 그리고 함께 발견하게 된 해결책에 대해 감사드립니다. 저는 종종 우리가 나눴던 대화(때로는 수십 년 전부터, 때로는 현재까지 이어지는 대화)를 생각하며 여러분 각자가 이 페이지에 포함된 단어들을 만드는 데에 자신만의 방식으로 어떻게 기여해 주셨는지에 대해 생각합니다.

열성적이기만 했던 어린 아이였던 저를 품어 주신 제프 와츠(Geoff Watts)에게, 품질 분석의 느리고 끝없는 즐거움과 커피 구매에 필요한 기술과 인간애를 가르쳐 주셔서 특별히 감사드립니다. 당신은 나에게 초인적인 인내심을 보여주었고, 저는 영원히 감사할 것입니다.

수많은 협력자, 동료, 그리고 친구들이 이 모든 과정을 해낼 수 있도록 저를 채찍질해 주었습니다. 특히 줄리엣 한(Juliet Han), 당신은 저를 끝까지 몰아쳐서 결국 펜을 잡게 했고, 덕분에 이 결과물을 만들어 낼 수 있었습니다. '로열 커피(Royal Coffee)'의 밥 풀머(Bob Fulmer), 맥스 니콜라스 풀머(Max Nicholas-Fulmer), 알렉산드라 펨버튼(Alexandra Pemberton); 제가 커핑과 수업을 병행하며 바쁜 일상을 지내는 와중에도 이 작업을 해낼 수 있다고 믿어 주셔서 감사합니다. 이외에도 징크 애스터리스크(Zinc Asterisk)의 사려 깊은 작가 모임에 감사를 표합니다. 그들의 창작은 2020년 저의 가장 암울했던 기간 동안에 큰 영감을 주었습니다.

팬데믹 시기에 책을 집필하는 일은 쉽지 않았는데, 저의 파트너 콜린 브린(Colleen Breen)의 꾸준한 사랑과 관심이 없었다면 불가능했을 것입니다. 이 자리를 빌려 무한한 감사를 보냅니다. 그리고 제 사무실 조교인 털복숭이 친구들, 활기찬 흑회색 페르시안 고양이 '길(Gil)'과 껴안고 싶은 황갈색 핏풀 테리어 '아이스크림(Ice Cream)'에게도 같은 감사의 마음을 보냅니다.

닐(Neel)과 카비타 보호라(Kavita Vohora), 샘 무히라(Sam Muhirwa)와 라마단 살룸 (Ramadhan Salum), 마이크 "커티스" 키얼비(Mike "Kurtis" Kearby), 케이틀린 매카티-가르시아(Caitlin McCarty-Garcia), 젠 아포다카(Jen Apodaca), 팀 힐(Tim Hill)과 케이티 카길로(Katie Carguilo), 알프레드 클라인(Alfred Klein), 지니 니욘지마-아로이안 (Jeanine Niyonzima-Aroian), 마이라 오렐라나-파월(Mayra Orellana-Powell), 하일레예수스 안두알렘(Haileyesus Andualem), 일리아나 델가도(Illiana Delgado), 루이스 파울로 페리에라(Luis Paulo Periera), 자크 카르네이루(Jacques Car-neiro), 실비오 레이테 (Silvio Leite), 라울 페레즈(Raul Perez), 게이브 보스카나(Gabe Boscana), 캔디스 매디슨 (Candice Madison), 에반 길먼(Evan Gilman), 산드라 루버로우(Sandra Loofbourow), 벤 모스(Ben Morse), 아만다 시버(Amanda Seaver), 스티븐 빅(Stephen Vick), 에스더 쇼 (Esther Shaw), 그리고 많은 분들이 이 페이지의 완성과 함께 했습니다. 여러분의 공헌이 제 삶과 일에 깊이 뿌리내리게 되어 자랑스럽고 영광입니다.

긴 시간의 연구와 데이터 수집(종종 스프레드 시트와 인포그래픽을 만드는 일까지도) 은 엘리스 베커(Elise Becker), 도리스 가리도(Doris Garrido), 볼로르 에르덴바트(Bolor Erdenebat)를 포함한 공동 작업자에 의해 수행되었으며, 그들의 커피를 향한 인내심과 헌신 을 통해 이 책에 제시된 방대한 자료들을 만들어 낼 수 있었습니다.

저는 *로스트 매거진(Roast magazine)*의 사람들과 협력할 때마다 그들의 끝없는 열정과 탁월한 결과물을 향한 노력을 접했습니다. 저에 대한 코니 블룸하트(Connie Blumhardt)의 믿음에서부터, 제레미 레프(Jeremy Leff)의 마법 같은 레이아웃과 디자인, 마지막으로 제 거친 문장들을 다듬기 위해 끊임없는 편집 과정을 담당해 준 릴리 쿠보타(Lily Kubota)와 닉 브라운(Nick Brown)에게 깊은 감사를 표합니다.

궁극적으로 이 책을 선택해서 읽어준 여러분께 감사를 드립니다.

결국, 이 책은 당신을 위한 것입니다.

서 문

나는 내가 눈이 벌겋게 충혈된 대학생일 때부터 마시기 시작한 커피가, 단순히 자연으로부터 갈색의 최종 음료로 흘러내려오는 것이 아니라는 것을 깨달은 정확한 순간을 기억할 수 있을 지 모르겠다.

하지만 테네시 주 채터누가(Chattanooga)에 있는 그레이프라이어스 커피 앤 티(Grey friar's Coffee & Tea)를 기억하긴 한다. 2003년에 그곳에서 처음으로 커피 산업에 종사하게 되었는데, 이곳의 주인인 이안 굿맨(Ian Goodman)은 직접 콩을 볶았다. 그 덕분에 커피는 소비하기 전에 어떻게든 조리된다는 것을 확실히 인지했고 이를 감각 기관으로도 알게 되었다. 로스팅 룸의 벽을 장식하고 있던 상징적인 포대에 대한 어렴풋한 기억이 있고, 어느 순간부터 자연스럽게 그곳에 있는 생두에 손을 대기 시작했던 것도 기억한다. 그 당시, 그 상태의 나에게는 특별히 유용하진 않았지만 말이다.

커피"콩"은 콩이 아니라 씨앗(나무에서 자라는 체리 같은 핵과)이라는 사실은 시카고에서 두 번째 커피 일을 할 때 알게 되었다. 인텔리젠시아의 바리스타 교육 과정, 즉 제3의 물결 '로스터'의 초석이 된 그들(더 라이트한 로스트와 투명한 생두 구매 정보로 피츠(Peet's)와 스타벅스 틀을 깨고 나온 사람들)은 내게 크나큰 도움을 주었다. 10년 후, 나는 69킬로그램의 생두를 포장하는 일에서부터 품질 부서 관리를 담당하는 일까지 그 회사의 거의 모든 일에 관여하게 되었고, 회사에서 매년 구입하는 수백만 킬로그램의 생두 샘플 평가 과정을 감독했다.

나는 내가 커피에 대해 꽤 많이 배웠다고 생각했다. 브라질, 부룬디, 에티오피아, 과테말라, 케냐, 르완다, 탄자니아, 잠비아를 광범위하게 여행하며 농부들을 만났고, 커피를 찾고, 공급하고, 가공 과정을 관찰하고, 계약을 승인했다. 나는 거의 8년 동안 매일 평균 30개의 커피를 로스팅하고 시음하며, 블렌딩과 재고 관리를 함께 진행했으며, 무역 파트너십을 위한 연간 관계 보고서를 작성했다.

2016년 나는 짐을 싸서 캘리포니아 서쪽으로 향했고, 그곳에서 '로열 커피(Royal Coffee)'로 알려진 유서 깊은 생두 수입업체의 교육 및 마케팅 부서인 '더 크라운(The Crown)'이라는 신생 팀에 합류하게 되었다.

생두 전문가로서 합류해 수분 활성도와 그것이 품질에 미치는 영향에 대한 실질적인 일을 맡았고, 그 과정에서 나는 아직도 커피에 대해 배울 것이 무수히 많다는 것을 알게 되었다. 왜 냐하면 로열 커피의 생두 거래 규모는 아찔할 정도로 크기 때문이다.

지난 몇 년 동안 나는 오클랜드에서 '더 크라운'의 오프라인 매장이 열리기를 끝없이 기다리며 펜을 들기 시작했다. 주로 로스터를 위한 생두 정보 및 지식에 초점을 맞춘 로열의 기록들이 -이후에 '로스트(Roast)'와 같은 출판물로 이어진- 내 언어로 모이기 시작했다.

친구들과 동료들은 내게 "책을 써 달라"고 조르기 시작했는데, 한편으론 재미있을 것 같기도 했지만 결실을 맺을 만큼의 시간을 확보하기 어려운 일이기도 했다. 그 당시 나는 적어도 세 가지의 다른 장기 프로젝트를 시작했는데, 대중적이지 않은 커핑 양식 초안들과, 낡은 밴드 녹음물, 소설 집필에 대한 끔찍한 시도들은 지금까지도 내 옷장에 버려진 해골처럼 빼곡히 남아 있다.

커피 산업에서 거의 20년을 일한 시점에서 나는 마침내 커피에 대한 대화에 가치와 통찰력을 더하면서, 동시에 실용적이고, 소화하기 쉬우며, 접근하기 쉬운 무언가를 만들기로 결심했다.

기존에 나와 있는 기술 매뉴얼과 학술 백서는 생두에 대한 전체적인 윤곽과 이에 대한 다양한 관점, 규정된 공식(결점두 계산 기법 등과 같은), 그리고 난해한 연구를 다루고 있지만 내가 만난 많은 스페셜티 로스터들에게 실질적으로 도움이 되는 내용들은 거의 제공하지 않는다. 이 책은 생두에 관련한 정보를 하나의 체계적이고 응집력 있는 형태로 농축하려는 시도다.

이 책은 내가 인텔리젠시아 생산 현장에 있는 주철로 만든 '고도(Godhot)' 로스터에 처음 가스를 주입했을 때, 또는 품질 관리 연구소에서 샘플 상자를 처음 열었을 때 만나고 싶었던 책이다. 이 책은 가벼운 이론 설명과 깊고 상세한 과정 설명을 다루고 있으며, 내가 수년간의 협업과 경험을 통해 수집한 '응용에 대한' 실용적인 제안이다.

이 책은 생두를 맞이할 로스터에게 주는 가이드다.

브라질의 펄프드
내추럴 파티오
사진 | 크리스 콘먼

CHAPTER 1

THE HISTORY *of* GREEN COFFEE USAGE

생두 사용의 역사

생두 추출물: 최초의 커피 음료

첫 커피 나무는 아프리카에서 자라기 시작했다. 남수단의 보마(Boma) 고원과 에티오피아 서부의 케파(Keffa) 숲은 최초의 아라비카 커피나무의 본거지로 알려져 있고[1], 이 나무는 코페아 유제니오이디스(Coffea eugenioides)와 코페아 카네포라(Coffea canephora, 대부분 로부스타라고 부른다) 종의 교배를 통해 만들어졌다.

현대 과학은 아프리카 대륙을 기원지로 보고 있는 120여 가지의 고유종을 코페아 속으로 분류한다.[2] 오늘날에는 아라비카 품종이 세계 생산의 주요 부분을 차지하고 있고, 품질은 우수하지만 기후 변화에 대한 적응력과 질병에 대한 회복력은 떨어진다고 알려져 있다.

커피의 초기 소비자들은 오늘날 우리와는 매우 다른 모습으로 커피를 즐겼을 것이다. 커피 열매 그 자체를 돼지 기름인 라드에 말아 휴대용 식량으로 들고 다니거나, 삶거나 훈제하여 씹어 먹었고[3], 발효된 껍질은 약하고 신맛이 나는 와인으로 만들어 마셨다. 지금의 탄자니아 북서부에 살았던 하야족은 인사의 일종으로 볶지 않은 로부스타 콩을 교환했다. 오로모족은 아비시니아(에티오피아의 옛 이름)의 커피 나무를 경작하는 것을 커피를 선물로 전달한 창조주 와카(Waqa)에 대한 모욕으로 여겼다.[4]

아프리카 대륙 밖에서는 커피 소비의 세계화를 주도한 아라비아 펠릭스의 소박한 부족, 수피족이 있다. 이 신비스러운 부족은 예멘의 아덴 항구에서 밤샘 집회하는 이슬람 사람들에게 커피를 전파했고 결국 큰 인기를 불러일으켰다. 15세기 중반에 예멘은 커피의 두 번째 본거지이자 세계로 커피를 소개하는 주요한 매개체로 자리 잡았다.

여기서 놀랄 법한 사실은 원래 예멘의 커피 음용자들은 생두 추출물 형태로 커피를 마셨다는 것이다. 최초의 비아프리카 커피 애호가들이 마셨을 음료는 그 시대의 무역 중심지와 문화, 종교적 중심지인 아비시니아의 하라르에서 분 또는 부나(bun or buna)라고 불렸을 가능성이 크다. 이 명칭은 커피가 첫 본거지인 아프리카에서 아라비아 반도로 옮겨질 때 부냐(bounya)라는 형태로 전환되었다. 부냐는 생두를 진한 차와 같은 추출물로 만들기 위해 콩을 으깨고 끓여서 만든 음료다.[5]

커피는 카프타(kafta, 캇Khat 잎으로 만든 이미 인기 있는 음료)와 유사한 각성제 성질로 알려져 종파의 자정 기도 시간에 사용되었고, 나중에는 명칭도 카프타와 비슷한 형태로 자리 잡았다. 결국 카프타는 고전 아랍어인 카와(qahwah), 튀르키예어인 카흐베(kahveh)로 변형되었다. 여기에서 로망스어군의 카페(cafe)를 상상하는 것은 어려운 일이 아니다.[6]

말린 커피 체리의 껍질(카스카라와 다르지 않다)을 삶고 향신료를 첨가하여 만든 키쉬르

사진 |
코니 블룸하트

(q'shr)가 종종 예멘의 상징적인 커피 음료로 여겨지지만, 사실은 생두 추출에서부터 볶고, 갈고, 추출하고, 여과된 부냐가 지금 우리가 아는 커피의 형태다.

바로 이 생두의 추출물이 전 세계의 커피에 대한 욕구를 자극한 한 방울이 되었다.

생두 추출 : 무역과 착취의 역사에 대한 요약

역사 속에 수많은 "발견"이 있었듯이, 우연과 우연이 만난 결과를 통해 커피는 폭발적으로 인기를 얻게 되었다. 때는 점점 세계화가 진행되는 시점이었고, 이슬람 세계는 통일되어 수 세기 동안 지속했던 문화적 르네상스가 부상하고 있었으며, 15세기 아라비아 펠릭스는 라술리드 왕조 아래서 관개 기술의 도입을 포함한 주요 농업 개발을 시작했다.[7] 커피는 독립적인 지역 소작인들이 쉽게 재배할 수 있는 작물이었다. 아라비아 반도는 아라비카(arabica)라는 품종명을 사용하는 것을 허가해주었고, 곧 그들만의 독특한 커피 소비 트렌드(q'shir 포함)를 확립하기 시작했다. 이후에 로스팅, 그라인딩, 그리고 현재 튀르키예 커피로 알려진 이브릭(ibrik, 또는 체즈베cezve) 포트 커피도 생겨났다.

오스만 제국의 광대한 그늘 아래 느슨하게 연합된 아라비아 펠릭스 너머의 국가들은 브루잉 커피에 대한 특별한 열정을 가지고 세계 최초의 커피숍을 열고 커피의 소비와 상업을 활성화하였다. 하지만 한동안 끈질긴 소송과 종교적인 문제들로 그들이 힘들었던 것은 사실이다. 술탄 무라드 4세는 커피의 수출 가치가 최고조에 달했을 때 금지령을 제정했는데[8], 알려진 바로는 직접 변장한 상태로 콘스탄티노플의 거리를 감시하고 위반자들을 참수했다고 한다. 이후에 점차 감시가 풀렸지만 오히려 예멘은 금지령 덕분에 18세기 초까지 바로 우리가 커피라고 부르는 커피 씨앗, 바로 생두 시장을 독점할 수 있었다.

얼마 지나지 않아 유럽인들도 아랍의 음료 문화와 흐름에 주목하게 되었는데, 그들은 아라비카 커피의 기원이라 하기 어려운 단어, 모카(Mokha, Mocha, Al-Mukha, 또는 비슷한 무수한 동족어)를 사용했다. 커피는 예멘 내륙 지방에서 자랐고 지금도 자란다; 모카는 그저 16세기와 17세기 수출을 이끈 예멘의 여러 항구 중 하나에 불과했다. 모카 커피는 수많은 예멘의 무역 도시 중에서도 빠르게 신흥 상품의 대명사가 되었고, 모카 콩은 왕실과 당시 유행하던 커피 하우스에서 매우 높은 평가를 받았다.

각기 다른 두 기원에서 출발한 유명한 혼합물인 모카와 자바(Mokha and Java) -각각 항구와 섬에서 따온 음료의 가명이다- 는 수 세기 동안 로스터에게는 없어서는 안 될 필수품이

에티오피아의
전통적인 팬 로스팅
사진 | 에반 길먼
(Evan Gilman),
로열 커피
(Royal Coffee)

었다. 이 블렌드의 역사를 타고 올라가면 고대 무역 통로와 커피 소비에 빠르게 적응하고 원재료 공급의 제한적인 접근에 직면한 세계에서의 공급과 수요의 변동에까지 깊숙이 도달한다. 커피가 자바섬으로 가는 여정에 대한 이야기를 타고 올라가다 보면 결국 모카에 닿게 되는 이 오래된 상업 경로에 뿌리를 두고 있다. 자바는 접근이 어려웠던 고급 작물을 식민지화시켜 현대적이고 세계적인 커피 재배까지 가능케 해준 가교다.

짧은 버전의 이야기는 포르투갈의 독점으로 인도네시아 향신료 무역을 할 수 없었던 16세기 후반, 점령된 네덜란드에서 독립의 기회를 잡은 혁명가들로부터 시작된다. 그들은 위험천만한 태평양 탐험 후 후추, 육두구, 그리고 메이스 한 줌을 가지고 돌아왔다(수마트라인, 자바인, 네덜란드인들의 숱한 죽음을 남긴 채). 소박한 결과물이었지만, 이후 네덜란드는 빠르게 남태평양의 군도로 향하는 통로를 열었고, 지금은 자바섬의 수도인 자카르타의 옛 이름, 바타비아(Batavia)에 전초기지를 세웠다. 불과 10년 만에 그들은 1602년에 새로 설립된 네덜란드 동인도 회사(Verenig de Oust-Indische Company, VOC)의 자치 권한 아래 군도를 점령하면서 본격적으로 불안정한 탐험가에서 어엿한 식민지 개척자가 되었다.

그런데도 커피에 대한 유럽의 열정은 아직 걸음마 단계였다. 아랍어권 밖에 있는 지역에서의 첫 커피 전문점이 1650년 런던에 상륙한 것에 비하면, 네덜란드는 훨씬 앞서 있었다. 그들은 인도네시아에서 포르투갈 향신료 무역 독점에 성공하며 그 다음 목표인 아라비아 반도로 눈을 돌렸다. 예멘이 커피 무역에 초기 지배력을 가질 수 있었던 건 커피 종자의 수출 금지령에 기인한 결과였다.

네덜란드가 예멘 상인들의 허를 찔렀을 때는 1616년 VOC 소속 상인인 피터 판 덴 브로케(Pieter van den Broecke)가 모카를 방문했을 때였다. 그는 트럼펫 연주자, 그리고 두 병사들과 함께 지역 파사(Paşa*)로부터 무역 허가를 얻기 위해 사나(Sana'a)의 북쪽을 여행했지만[9], 결국 허가받지 못했다. 하지만 그는 뿌리 달린 커피 나무 한 그루를 훔쳐 암스테르담의 식물원으로 밀반입하는 데에 성공했고[10], 그로부터 몇 세대 후 네덜란드인들은 17세기 말 인도의 서쪽 해안과 실론 섬(현재의 스리랑카)에서 커피 재배에 성공했다.

비록 공식적인 기록은 아니지만, 커피가 인도의 카르나타카(Karnataka) 언덕까지 닿는 여정에 관한 비슷하지만 다른 이야기가 있다. 수피족의 승려, 바바 부단(Baba Budan)이 일곱개의 커피 씨앗을 하지(hajj)**에서 고국으로 돌아오는 길에 밀항했다는 전설이 남아있는데, 커피 나무가 우거진 그곳의 언덕들은 오늘날까지 그의 이름을 따서 자리 잡고 있다.

모카에서 훔친 최초의 커피 나무(혹은 종자)는 인도의 말라바르(Malabar) 해안에 도착해 자바와 연결되었다. 1696년 바타비아의 총독, 빌렘 판 아우트호른(Willem van Outhoorn)은 묘목을 수송하여 이식을 준비했지만, 폭우와 홍수로 인해 전부 죽고 말았다. 동인도 회사의 떠오르는 스타인 헨드릭 츠워르디크룬(Hendrick Zwardecroon) -말라바르 해안 국장이자 이후 네덜란드 동인도 총독- 이 네덜란드가 점령한 인도 땅에서 자바로 그것들을 가져와 경작하기 시작했다. 그것뿐만 아니라 그는 누에를 섬에 들여오기도 했다.[11]

18세기 네덜란드는 이미 유럽에서 예멘과 인도산 커피를 가장 많이 소비하는 국가였지만, 1711년 처음으로 공개 경매에 나온 생두는 그들의 식민지 지배하에 있던 자바 섬에서 생산한 생두였다. 수확량은 894파운드였고 낙찰가는 파운드당 약 47센트인 $23\frac{2}{3}$ 스튜이버였다.[12]

---

* 술탄이 오스만 제국의 총독, 장군, 기타 지도자에게 수여하는 칭호(때로는 명예)

** 무슬림을 믿는 사람들이 일생에 한 번 이상 수행할 것으로 예상되는 메카로의 연례 여행

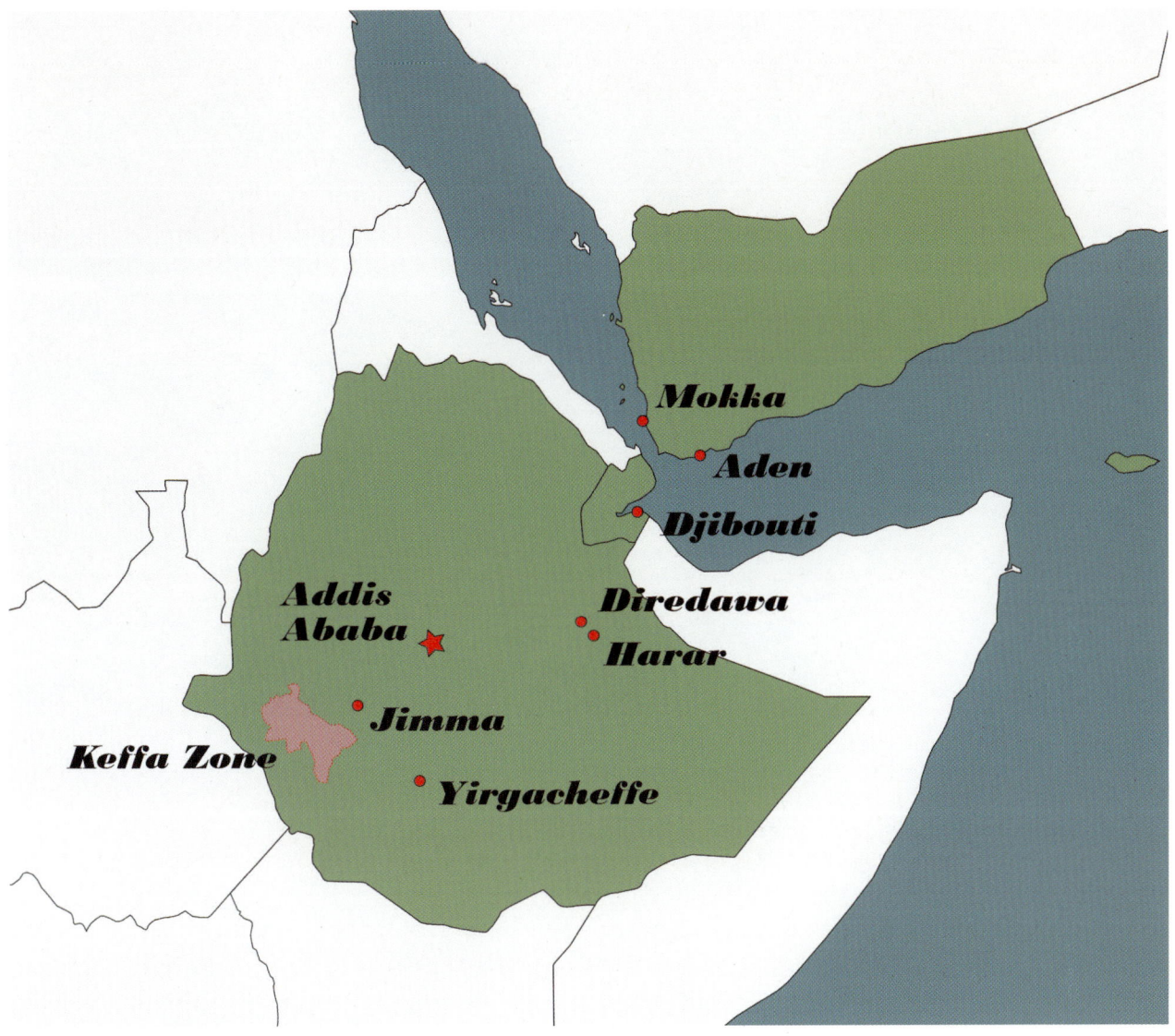

에티오피아와
예멘 지도
그림 | 에반 길먼 제공

오늘날의 소비재나 금 가치와 비교하면 생두 1파운드 당 약 20달러의 가치가 있다고 할 수 있다. 이것은 당시 서유럽 일반 노동자의 평균 일당과 거의 비슷한 수준이었다.

세계 커피 시장에서 자바의 초기 중요성은 아무리 강조해도 지나치지 않은데, 이는 생산량 수치를 통해 간명하게 드러난다. 1711년 첫 경매가 있은 지 10년이 지난 1721년, 네덜란드인들은 여전히 거의 모든 커피를 예멘으로부터 구입하고 있었다. 그로부터 불과 5년 후인 1726년, 암스테르담으로 수입된 커피의 90%가 그들의 식민지였던 인도네시아 섬에서 재배되었다.[13] 커피의 공급이 증가하면서 유럽에서는 공급이 순간적으로 확대되었다.

충분한 땅을 확보한 네덜란드는 인도네시아 섬 전체에 커피를 심기 시작했다. 1725년 초, 네덜란드인들은 국가 이익을 위한 농업을 요구했고, 쌀과 같은 생계를 위한 필수품을 환금 작물

위
사진 | 코니 블룸하트

다음 페이지
사진 | 크리스 콘먼

인 커피, 설탕, 비단과 아편*으로 대체했다.[14]

스페인 전체주의 정권에서 독립하여 자바에서 영향력을 행사하는 신생 네덜란드 공화국의 아이러니는 역사의 사각지대에 너무 자주 존재하는 일종의 편견을 말해준다. 공식적으로 네덜란드의 재배 시스템은 1830년 동인도회사 시스템이 무너지면서 헤이그가 이를 흡수할 때까지는 시작하지 않았다. 그러나 네덜란드 커피의 수요가 유럽을 주도하는 가운데 자바, 수마트라, 셀레베스(술라웨시) 섬이 주민들의 독립적인 관리에서 벗어나 정부가 운영하는 농장으로 전환되었다는 것은 더 이상 비밀이 아니다. 심지어 개인이 소유한 작은 농장이라도 네덜란드에 넘겨줄 환금작물을 생산해야 했다.

이런 이야기는 오늘날까지 거의 모든 커피 생산국에서 벌어진다. 유럽인들은 땅을 점령하고 사람들을 추방했고, 농업 생산을 대체하고 강제했으며, 그들의 이익을 위해 아메리카, 아프리카, 아시아 전역에 걸쳐 인간이 상상해낼 수 있는 범위에서 인권을 유린하는 일들을 자행했다.

---

* 정부가 통제하는 동안 아편 거래는 (목록에 있는 다른 작물과 달리) 네덜란드인을 위한 것이 아니었다; 그것의 판매와 소비는 대부분 지역적으로 유지되었다. 식민지 개척자들에게 높은 이윤을 남기는 한편, 그것을 소비한 사람들(대부분 토착 자바인)을 진정시켜 잠재적인 혁명을 억제하는 효과도 있었다.

생두 무역은 빠르게 세계화되었고, 식민주의의 굴레는 《Cheap Coffee : 세계 커피 무역의 장막 뒤》의 저자 칼 와인홀드(Karl Wienhold)가 설명하는 '채굴주의적 전문화'[15]에서 여전히 찾아 볼 수 있다. 소비재의 진정한 시장 가치와 관계없이 커피와 같은 특정 수출 가능한 소수의 원자재만을 생산하게 된다는 것이다. 이것이 우리가 여전히 "싼 커피"를 마시는 이유다.[16] 또한 부룬디 외환의 약 80%가 커피 수출에서 나오는 이유이기도 하다.

이것이 바로 생두 거래의 역사다.

커피 무역의 복잡성과 현대적이고 불가사의한 그 너머의 의미를 이해하려면 다음 장에서 다룰 커피 나무 열매에서 나오는 씨앗의 성장과 가공에 대해 직접 살펴보아야 한다.

생두 추출물 : 현대적 관련성

매우 큰 차이로, 오늘날 생산되는 대부분의 생두는 결국 로스팅된 커피가 된다.

그러나 생두 추출물은 현대 커피 산업의 특정 부문에선 여전히 중요하며, 특히 디카페인의 부산물로써 가장 중요한 위치에 자리매김하고 있다(챕터 7에서 자세히 설명). 디카페인 커피는 소수 집단의 커피 소비의 상당 부분을 차지한다. 필자가 일하는 로열 커피에서도 거래량의 약 15%를 디카페인 커피가 차지하는 것으로 추산한다.

그렇다면 카페인은 어디로 갈까? 주로 레드불, 콜라, 펩시와 같은 청량음료에 들어간다. 탄산음료를 위한 카페인 생산은 대부분 합성이지만,[17] 만약 당신이 디카페인 라떼를, 당신의 친구가 콜라 한 캔을 마시고 있다면 둘은 음료의 역사를 공유하고 있다고 볼 수도 있다.

최근 몇몇 틈새시장에서는 생두 추출물에 대한 관심이 되살아났지만, 실제로 음료를 위한 것은 아니다. 2012년 메흐메트 오즈(Mehmet Oz) 박사는 생두에 함유된 높은 비율의 클로로겐산이 체중 감소를 촉진시킬 수 있다는 이론을 대중화했다.[18] 로스팅 과정에서 클로로겐산은 퀴닌산으로 분해되므로, 볶지 않은 콩에 클로로겐산이 더 많이 존재한다는 것은 엄밀히 말하면 사실이다.

그러나 이 준비 방법에는 몇 가지 함정이 있다. 끓인 생두 추출물은 꽤나 맛이 없다. 캐러멜라이즈 반응이 없기 때문에 단맛이 없는 클로로겐산은 엄청난 쓴맛을 지니고 있다. 또한 저품질의 생두는 잠재적으로 로스팅된 커피보다 건강 문제를 일으킬 위험이 더 높다; 로스팅 과정에서 연소되는 '곰팡이'나 농도가 감소하는 '오크라톡신'과 같은 화합물을 다량 섭취하면 소비자의 건강에 악영향을 미친다.

카얀자 부룬디의 음비리지(Mbirizi) 워싱 스테이션으로 커피 체리를 옮기는 중
사진 | 크리스 콘먼

생두 추출물을 체중 감량 보조제로 사용하는 것에도 문제점이 있다; 일차적으로 별 효과가 없으며[19] 오즈 박사가 추진한 연구 중 하나는 이미 거짓으로 밝혀졌고,[20] 유명인에 의해 홍보된 생두 추출물 제품은 수백만 달러의 소송 결과와 함께 추출물과 유명인의 명성 모두를 손상시켰다.

우리는 생두를 볶고, 갈고, 브루잉 후 여과해 마신다면 훨씬 맛있어진다는 결론을 알지만*, 여기에 도달하기까지의 여정은 결코 간단하지 않았다.

위
잠비아의 커피 꽃
사진 | 크리스 콘먼

이전 페이지
사진 | 에반 길먼,
로열 커피 제공

---

* 우리가 건강(이점 또는 해로움)에 관심이 없다면 요즘에 맞게 맛있게 만드는 방식으로 커피를 처음 마셨던 그 시절을 재연할 수 있다. 강의 및 테이스팅의 일환으로 내 동료인 산드라 엘리사 루버로우(Sandra Elisa Loofbourow)가 도전했다. 산드라는 고대 관습에서 영감을 얻어 인도네시아 지역적 향미와 결합해 생두 추출물을 이용한 상쾌한 음료를 만들었다. 바리스타 매거진(Brista Magazine)의 온라인 플랫폼에 올라온 "전 세계 커피 음료(Coffee Drinks from Around the World) : 생두 추출물로 음료 만들기(Making Drinks with Green-Bean Extract)" 기사를 참조하면 된다.

CHAPTER 2

EXTRACTING *the* SEED *from the* COFFEE FRUIT

커피 열매에서 씨앗을 가공하기까지

커피 나무에 관한 기본 이해

커피 씨앗은 커피 나무에서 자라는 열매 안에서 형성된다. 모든 종은 사하라 이남 아프리카에 본거지를 두며, 일반적으로 열대 지방 이외에서는 잘 자라지 않는다. 아라비카 종은 적도와 가깝고 충분한 해발 높이를 가진 기후에서 잘 생존하는 경향이 있다. 커피의 주요 상업을 담당하는 또 다른 종, 로부스타는 낮은 고도에서도 자랄 수 있지만, 마찬가지로 추운 지역보다 따뜻한 지역을 선호한다.

이러한 민감성은 커피가 지구에서 사라지는 것에 대한 빈번한 경고성 기사들의 원인이 되기도 한다. 기후 변화가 커피 나무, 특별히 까다로운 아라비카 종에게 엄청나고 즉각적인 위협을 가하는 것은 사실이지만, 그전에도 커피 나무는 끊임없이 존재하는 수많은 질병에 시달리고 있었다.

비료와 살충제를 제외한 주요 농업 생존 매커니즘은 더 나은 품종을 위해서 번식하는 것이다. 잡종 강세(hybrid vigor)라는 용어는 식물학에서 각기 다른 두 유전자의 교배 자손이 그 선조보다 더 왕성하게 자라는 것을 설명하기 위해 종종 사용된다. 다른 품종, 심지어 다른 종으로부터 고유한 DNA를 도입하는 것은 다음 세대를 위한 수확량, 질병에 대한 저항력, 그리고 여러 방면에서 유익한 결과를 낼 수 있다.

그러나 커피, 특히 스페셜티 커피와 아라비카 종은 역사적으로 이와 반대되는 추세를 이어왔다. 아라비카 커피는 지역적으로 에티오피아의 다양한 삼림수와 그보다는 덜한 예멘의 토착종을 제외하면 지구상에서 유전적으로 가장 다양성이 적은 작물 중 하나다.[21]

아라비카의 유전적 병목 현상은 2만년 전에 한 로부스타 종이 자생적으로 유제니오이디스와 교배하면서 나타났는데[22] 이는 예멘에 분포되어 있는 소수의 식물을 통해 걸러졌고, 그 후 유럽 식민지에 분포되었다. 예멘에서 자바로 옮겨진 아라비카 변종인 티피카(Typica)는 소수의 모식물로부터 전 세계에 분포된 개체군을 낳았다. 예멘에서 온 한 그루의 살아남은 나무가 태평양의 부르봉(Bourbon, 현 레위니옹Réunion) 섬에 도착했을 때 같은 일이 일어났다. 부르봉-티피카 교배종은 현재 알려진 대부분의 질병에 취약한 아라비카 재배 품종*을 포함한다.

어린 커피 나무
사진 | 크리스 콘먼

---

* 커피에서 종종 같은 의미로 사용되는 "변종, 품종(variety, cultivar)"이라는 용어는 원예용 언어에서 구별된다. 변종과 품종 모두 종 아래의 분류학적 순위이지만 변종은 자연적으로 발생하며 종자에서 쉽게 복제된다. 반대로 품종은 인간의 개입에 의해 전파되어야 한다. 기본적으로 상업적으로 재배되는 모든 커피는 기술적으로 품종이다. 품종이라는 단어는 1923년 코넬 대학의 리버티 하이드 베일리(Liberty hyde Bailey)가 만든 "재배된 품종(cultivated variety)"을 따온 것에 불과하다. 그는 "재배 중인 식물의 변종 또는 종에 종속된 유형의 품종, 재배종을 제안했다; 그러나 반드시 등록된 식물 종일 필요는 없다. 기원에 관한 점을 제외하고는 본질적으로 식물 품종과 동일하다."고 한다. 나는 혼란스럽고 식물 유형에 부적절하게 적용되는 "변종(varietal)"이라는 용어를 지양한다.

여전히 유전적으로는 단일성을 띄고 있지만, 티피카와 부르봉은 수백년에 걸쳐서 많은 스페셜티 로스터들에게 카투라(Caturra), 파카마라(Pacamara), 라우리나(Laurina), 카스티요(Castillo)와 같은 식별 가능한 종으로 변이되고 교배되었다. 게이샤(Gesha)와 아비시니아 자바(Abyssinia-Java)와 같은 다른 선택지들은 에티오피아의 모식물에서 선택되어 직접적인 경로를 통해 농장으로 전해졌다.

모든 경우에 품종은 적자생존, 자연선택 및 인간 개입을 통해 살아남는다. 이 품종들은 각각의 바람직한 특성을 가지고 있다. 카투라는 자연 발생 부르봉 돌연변이 왜소종으로, 조밀하게 심을 수 있어 헥타르당 수확량이 향상된다. 카스티요는 녹병에 대한 저항성을 향상시키기 위해 콜롬비아에서 만들어졌다. 게이샤는 로스터가 엄청난 프리미엄을 지불할 정도의 독특한 센서리 특성을 가지고 있기 때문에 대부분 생존한다.

내가 가장 좋아하는 농장 중 하나는 탄자니아 북동부의 응고롱고(Ngorongoro)로 칼데라 외곽 가장자리에 있다. 친절한 회사, 무성한 풍경, 빈번한 야생 동물과의 만남이 주는 스릴 외에도 농장은 늘 혁신적인 시도를 하여 우리를 흥미진진하게 한다.

3세대 농부인 닐 보호라(Neel Vohora)는 수확, 품종 및 가공 방식을 다양하게 시도한다. 2015년 농장을 함께 거닐면서 그는 28개월 된 바티안 나무의 숲을 자랑스럽게 선보였는데, 가지마다 익어가는 체리가 너무 많아 거의 땅에 닿을 정도로 축 늘어져 있었다. 이 케냐 나무 유형은 질병에 강한 루이루-11(Ruiru-11) 품종에서 컵 품질, 콩 크기 및 수확량을 개선하기 위해 재배되었지만 센서리 전문가들에게 깊은 인상을 주지는 못했다.

그러나 저항성 품종은 자원을 흡수하는 경향이 있어 물과 비료를 많이 주어야 제대로 성장하고 열매를 맺는다. 종자는 더욱 잘 관리해야 하며 이는 특히 소작농들이 엄두를 못 낼 만큼의 비싼 비용이 수반된다.

나무는 또한 높은 생산성을 위해 정기적인 가지치기를 필요로 한다. 3년에서 7년이 일반적으로, 평균적인 커피 나무에서 열매를 가장 많이 맺는 시기다. 농부들은 다음 2년 동안의 수확량을 늘리기 위해 매 3년마다 가지치기를 할 수 있으며, 결국 나무를 "그루터기"하여 잘게 잘린 줄기에서 새싹("흡지"라고 함)이 일어나 성장 주기를 반복할 수 있다.

비록 브라질의 카르모 데 미나스에서 보았던 만개한 100년 된 거대한 부르봉 품종은 내 키의 두 배에 달했고 적어도 한 세기는 더 버틸 것처럼 보였지만, 대부분의 나무들은 흔히 20-25년 주기로 다시 심어야 한다.

위
커피 체리
사진 | 에반 길먼,
로열 커피 제공

아래
탄자니아 에델바이스
농장의 바티안 품종
사진 | 크리스 콘먼

커피 열매 맺기 & 수확하기

커피 나무는 오랜 건기를 보내고 약간의 비를 맞은 후에 열매를 맺기 시작한다. 이 비는 나무가 꽃을 피우도록 촉진해주는 역할을 한다. 아라비카는 자가 수분을 하기 때문에 과도한 비나 가뭄을 피하고 약간의 바람만 있다면 시간이 오래 걸릴 뿐, 크게 힘들이지 않고 과실을 맺을 수 있다.

물론 많은 변수가 있지만, 열대성 기후를 가진 지역의 경향성은 반구에 따라 다르다. 예를 들어 브라질은 9월과 10월에 비가 내리고 5월과 6월에 수확을 시작하는 반면, 멕시코는 늦은 봄과 여름에 비가 내리고 그 해가 끝나기 전에 완숙된 열매를 맺는다.

대부분의 경우 이 흐름은 세계적으로 동일하다: 스페셜티 품질의 아라비카의 수확 시기는 대부분 반구의 겨울이다. 따라서 로스터는 지리에 기반하여 대략적인 커피 체리의 수확 시기를 알 수 있다.

내가 여행을 더 자주 다녔을 때는 보통 수확 절정기에 방문할 수 있도록 기간을 맞추곤 했는데 생두 바이어에게는 꽤 흔한 일이긴 하다. 보통 초기 수확물을 맛보고, 거의 모든 가공 단계의 사진을 찍을 수 있는 기회이기도 하며, 나중에 피킹하는 수확물에 대한 의견을 제시할 수도 있다. 아주 작은 지역이라도 날씨, 품종, 가용 노동력과 같은 요인에 따라 수확 기간이 길어질 수도 있다. 수확량이 충분히 많다면 초기 수확물은 수확의 계절이 끝나기 4~5개월 전에도 출고 준비가 끝날 수 있다.

커피 생산 규모는 작은 정원 부지에서부터 거대한 농장까지 엄청나게 다양하기 때문에, 커피 열매를 수확하고 가공하는 방법은 누가 참여하고 어디서 생산하느냐에 따라서 크게 달라진다.

관리 정도에 따라 커피 체리는 나무나 밭에서 각기 다른 속도로 익어 간다. 이 가변적인 기간은 관개 및 비료를 통해 단축될 수 있지만 수확 절정기 동안 동일한 밭에서 여러 번 이런 과정을 거칠 수밖에 없는데, 이는 몇 주 또는 심지어 몇 달 동안 지속될 수 있다. 비수기에는 두 번째 수확(fly crop, 일부 라틴 아메리카에선 미타카(mitaca)라고 함)이 가능하며, 흔히 두 번째 수확물은 컵 품질이 더 낮다고 여겨지나, 일부 주목할 만한 예외는 있다.*

소규모 농장의 농부는 직접 또는 가족과 이웃의 도움을 받아 커피 체리를 수확한다. 수확한 당일에 체리는 종종 더 큰 규모로 가공할 수 있는 "가공소(wet mil)"에 판매된다. 협동조합

---

* 콜롬비아는 독특한 기후와 지형으로 인해 1년 내내 고품질의 신선한 커피를 생산하는 것으로 유명하다. 케냐의 두 번째 수확물은 비수기에 주요 작물의 공급이 제한되어 있기 때문에 일부 컵 품질이 낮더라도 수요가 높은 편이다.

과 독립 가공소는 모두 이러한 방식으로 운영되며, 소규모 수확물을 모아 함께 처리하여 효율성과 일관성을 향상시킨다. 대부분의 지방의 경우 소농들은 수확물을 가공소까지 손이나 자전거로 운반하고, 다른 경우에는 운송 능력이 있는 중개인, 트럭이 있는 친구 또는 농부의 제한된 접근성을 기회로 삼는 코요테와 같은 중간 상인에게 판매한다.

일부 소농들은 커피 체리를 집에서 가공하기도 하는데, 제한된 자원 때문에 농부의 노력에도 불구하고 이 커피는 일관성이 없고 낮은 등급의 원두로 여겨진다. 하지만 다른 경우, 이를테면 콜롬비아에서와 같이 소규모 농장에서 진행하는 가공도 충분한 교육과 자원 및 인프라의 지원으로 이익 개선이 가능하다.

에티오피아 남부의 파치먼트 가공
사진 | 에반 길먼, 로열 커피 제공

대규모 농장에서는 일반적으로 수확기에는 계절 노동자를 고용하고, 현장 관리와 기타 운영을 위해 정규직 노동자를 고용한다. 대체로 커피 체리는 여전히 손으로 수확하지만, 브라질의 세하두 미네이루(Cerrado Mineiro)처럼 가장 규모가 크고 평평한 토지에서는 특수 기계들이 짧은 나무들 위로 지나가면서 가지를 흔들어 수확하는 기계식 수확 방식을 사용한다. 떨어진 체리는 두 번째 차량으로 옮겨져 현장에 있는 가공소에서 분류된다.

다른 과일들과 마찬가지로 커피 체리도 숙성도가 곧 품질을 결정한다. 잘 익은 체리를 수확하면 가공소에서 크기가 작거나 덜 익은 체리를 솎아내어야 하는 양이 적기 때문에 가공이 더 쉬워진다. 그러나 항상 잘 익은 체리만 수확하는 것은 어려운 일이기 때문에 수동 및 기계화된 분류 과정을 거치는 일은 고품질 커피 생산의 중요한 부분을 차지한다.

커피 품질의 성패를 좌우하는 것을 이해하기 위해서는 커피 자체의 특성과 수확 기간을 넘어서, 그 이상의 관점으로 봐야한다. 와인과 마찬가지로 품질이 좋은 피노 누아(Pinot Noir) 포도 나무를 기를 수는 있지만 발효나 숙성의 과정에서 문제가 생기면 결과적으로 제품은 망가지게 된다. 커피의 경우 열매 안에 있는 씨앗을 다루는 데서부터 모든 게 시작된다.

커피 체리 해부학

소위 커피 "체리"는 복숭아, 자두, 또는 과수원 체리처럼 안에 큰 씨앗이 들어 있는 과일, 핵과다.

외부에, 열매의 외과피(또는 껍질)는 포도나 블루베리의 껍질과 매우 유사하다. 약간의 압력을 가하면 껍질이 과일에서 미끄러지며 떨어진다.

내부에, 액과는 그 안에 얇은 층의 중과피로 구성되어 있는데, 종종 커피 산업에서 "펄프(pulp)" 또는 "점액질(mucilage)"이라고 불리며 약간 달콤하고 새콤한 맛이 난다.

열매에 있는 점액질은 펄프 제거기로 제거하거나, 효모와 박테리아를 사용하여 발효하거나, 햇볕에 자연건조하거나, 또는 위에 나열한 방법들의 몇 가지 조합으로 제거할 수 있다.

걸쭉한 점액은 두꺼운 셀룰로스 내과피인 "파치먼트(parchment)"에 단단히 달라붙어 있다. 보호용 껍질인 파치먼트는 건조하면 단단해지고 부서지기 쉬운 상태가 된다. 이는 로스팅 전에 반드시 제거해야 하며, 보통 수출 전에 대형 가공 시설(dry mill)에서 그 과정이 이루어진다.

내과피 안에는 배젖(대부분의 사람들이 "콩"이라고 부르는 씨앗)이 있다. 대부분의 커피 체

커피 체리와 씨앗 다이어그램

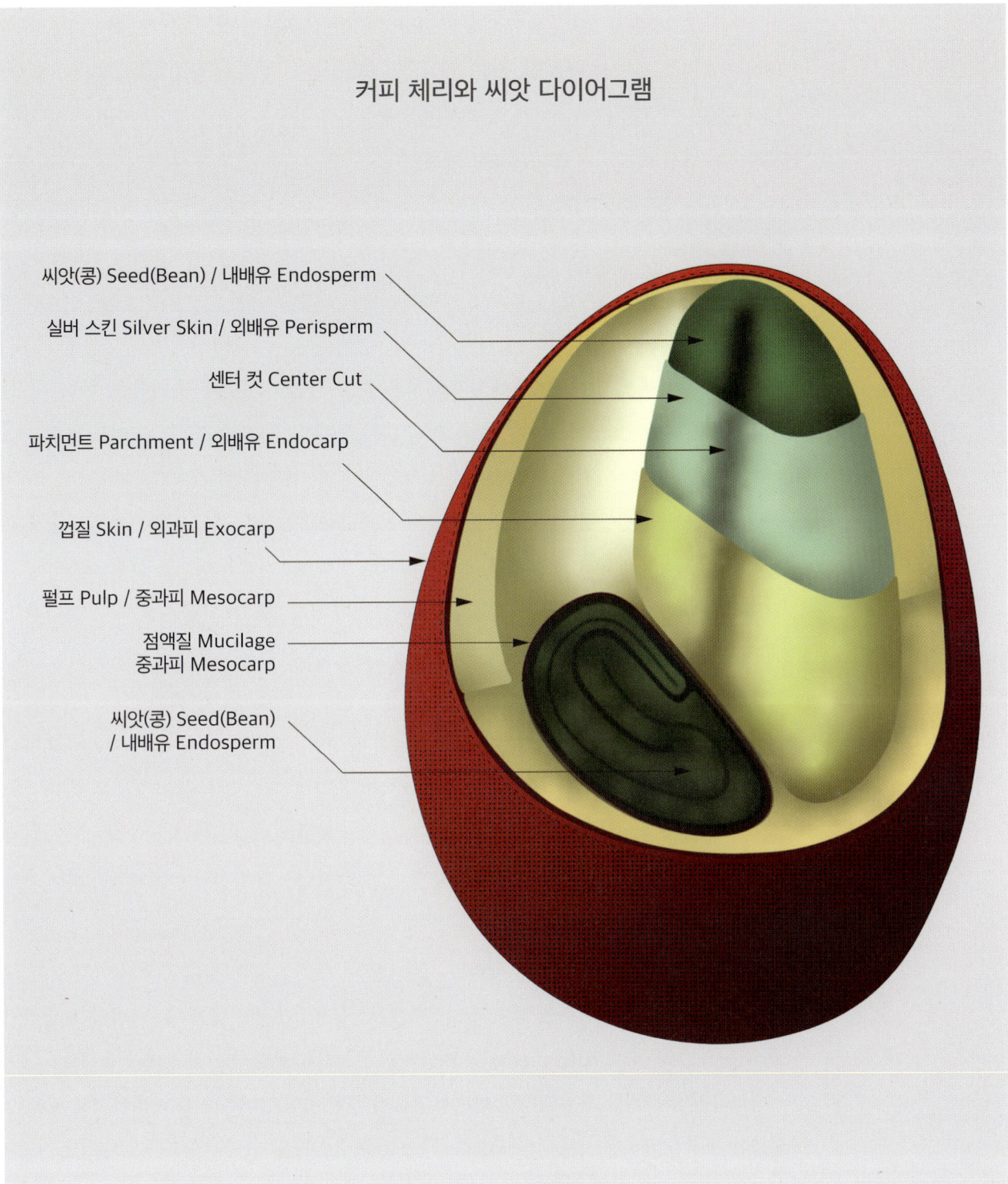

씨앗(콩) Seed(Bean) / 내배유 Endosperm

실버 스킨 Silver Skin / 외배유 Perisperm

센터 컷 Center Cut

파치먼트 Parchment / 외배유 Endocarp

껍질 Skin / 외과피 Exocarp

펄프 Pulp / 중과피 Mesocarp

점액질 Mucilage
중과피 Mesocarp

씨앗(콩) Seed(Bean)
/ 내배유 Endosperm

다이어그램 | 에반 길먼,
로열 커피 제공

리 안에는 두 개의 마주보는 씨앗이 있는 반면, "피베리(peaberry)"는 하나의 씨앗만 있는 발달이상 콩이다. 배젖은 "실버스킨(silver skin, 은피)"으로 불리는, 얇고 반투명한 외배유로 덮여 있다. 로스팅 시 이는 기계 내부의 바람에 날아다니는 갈색빛의 채프(chaff)가 되지만, 생두 상태에선 씨앗에 바짝 달라붙어 있다.

커피 가공

커피 가공은 쉽게 말해서 씨앗에서 열매의 모든 층을 제거하고 수출을 준비하는 과정이다. 생두의 질량은 건조 및 선별 전 숙성 체리의 약 19%를 차지하는 것으로 추정되며[23], 완숙 과실에서 수출용 제품이 되기까지 필요한 것이 무엇인지 연구해볼 만한 가치가 있다.

내가 제일 처음 방문한 커피 농장인 헤크레오(Recreo) 농장은 브라질 남부의 상파울루 주와 미나스 제라이스 주의 접경지대 근처에 위치해 있다. 이 지역의 특징을 살펴 보자면 국회의사당에서 차로 몇 시간 거리에 있으며, 농작물을 재배하기에 가장 좋은 지역 중 하나이고, 대부분의 사유지는 잘 구축되어 있으며, 농업경제학자 및 인근 수출업자들과 협력하여 일관된 품질과 양을 창출하고 있다. 그곳의 농장들은 전반적으로 잘 손질되고 관리되고 있다.

이곳을 처음 보았을 때 나는 이 크고 경치 좋은 농장의 초점이 언덕을 넘어 멀리까지 뻗어 있는 정렬된 커피 나무들이 아니라는 사실을 알고 놀랐다. 농장의 중심은 오히려 중앙부 작은 협곡에 숨겨져 있는 넓은 파티오(patio)에 위치한 창고와 가공소였다. 이곳에서는 노동자들이 시멘트 바닥 위에서 커피를 말리고 있었고, 다른 사람들은 강렬한 향기에 에워싸인 채로 시끄러운 장비를 작동시켰다.

햇볕 아래에서 검게 변한 커피 체리와 껍질 더미는 버려진 듯이 쌓여 있었고 마치 상한 포도주와 블랙 올리브의 악취를 풍기고 있었다. 나는 실험실에서 이것을 맛보도록 훈련받았고, 이는 단순히 "발효취(ferment)"라고 알려진 센서리 결함이라고 배운 바 있었다.

센서리 분석과 생두 가공 과정의 연관성은 내가 수천 마일 떨어진 커핑 테이블에서는 알 수 없다는 것이 명백해졌다.

발효(Fermentation)

모든 커피는 어느 정도의 발효 과정을 거친다. 와인 양조업자가 커피 가공 과정을 본다면 아마도 수백년 전 그들의 산업에서 보았던, 노출된 채로 쌓여 있는 열매더미와 덮개가 없는 과일 탱크에 단지 발효를 위한 목적의 효모균과 박테리아가 제멋대로 작용하는 것을 떠올릴 수 있을 것이다. 하지만 이상해 보이는 일에도 나름의 이유가 있는 법이다. 각각은 두 가지 목적을 가지고 있다. 첫째, 발효 과정은 결국 과육과 껍질에서부터 씨앗을 제거하는데 기능적으로 기여한다. 둘째, 발효 과정에서 변화된 향미는 로스팅 과정에서 사라지지 않고 최종 결과물의 향미에도 남아 있다.

발효의 정의는 누구와 이야기하는가에 따라 달라진다. 미생물학자나 생화학자와 같은 몇몇 사람들은 그 단어가 정확하게 의미하는 바를 엄격하게 정의한다. 특히 과학적 해석에는 산소 없이 유기 분자에서 에너지를 방출하는 대사 과정을 포함한다.

식품과 음료 생산에 있어서 발효의 정의는 조금 느슨하다. 일반적으로 커피 산업에 종사하는 전문가들은 발효를 통해 맛의 변화를 주고, 또는 박테리아나 효모균 같은 미생물이 때때로 에탄올(알코올), 이산화탄소, 젖산, 아세트산과 같이 변화되어 음식이나 음료의 구성을 바꾸고자 한다. 정확성을 추구하는 사람들은 "침용(maceration)" 또는 "미생물 점액 제거"*를 미생물 활동의 광범위한 용어로 보면서 엄밀하게 "발효"라고 정의하지는 않는다.

발효의 힘을 적절하게 사용하는 것은 생산자의 작업에 있어서 중요한 부분이다. 와인과 맥주 산업에서 그랬던 것처럼, 스페셜티 커피 산업도 품질을 개선하고 공정에 대한 기준점을 더 잘 확립하려고 노력하고 있는 만큼 빠른 혁신이 일어나고 있다.

일부 사람들은 커피를 발효시키는 토착 미생물들이 대부분의 커피가 가진 고유한 본래의 향미에 내재되어 있다고 짐작한다. 현대 과학은 이 추측에 대한 해답을 제공하기 시작했지만, 다른 발효 제품들과 마찬가지로 무수한 다른 요소들은 말할 것도 없이 떼루아와 품종에 이르는 여러 특성 모두가 향미를 구성하는 데 중요한 역할을 한다.

벨기에 브뤼셀 프라이어(Vrije) 대학에서 네슬레와 함께 일하는 연구진은 "미생물이 고품질 커피 생산에 어느 정도 중요한 부분을 차지하는지는 아직 분명하지 않다"고 말하면서 커피의 최종 향미에 있어서 가장 중요한 한 가지는 가공 방식이라고 밝혔다.[24] 그들은 유산균이 현재 생산에 있어서 가장 흔한 발효 미생물이라는 것을 발견했고, 동시에 효모 배양물도 마찬가지로 최종 컵 품질에 중요한 역할과 영향을 미친다는 것을 확인했다.

발효가 기능과 향미에 미치는 영향의 복잡성을 이해하려면, 수확 이후의 가공에 대한 직접적이고 세부적인 사항들을 이해해야 한다. 과육이 붙은 채로 씨앗을 건조하는 방식과 과육

* 루시아 솔리스(Lucia Solis)는 그녀의 팟캐스트에서 커피 만들기: 에피소드 18, "혐기성 발효: 커피 용어 정리(Anaerobic fermentation: Building Our Coffee Vocabulary.)"에서 이에 관해 설명한다.

을 분리하여 건조하는 방식 사이에는 생각보다 넓은 범위의 선택지들이 있고, 각각 장단점이 존재한다.

커피 가공 방식

내추럴

소위 "내추럴" 커피는 세계에서 가장 오래된 형태의 가공 방식을 사용하여 생산된 커피다. 나무에서 따온 체리를 파티오, 방수포, 테이블 또는 베란다에 펼쳐 며칠 동안 햇볕에 말리며, 기후에 따라 평균 2주 정도 걸린다. 다 익은 붉은색(때때로 노란색 또는 분홍색) 열매는 점차 단단해지고 검보라색 껍질로 줄어들며, 나중에 대형 가공 시설(dry mill)에서 기계로 벗겨진다.

이 방식은 필요한 기초 시설(운송 차량이나 필수적인 장비)이 부족한 세계의 많은 소농들에게 적합한 방식으로 남아 있다. 그러나 역사적으로 커피 생산이 점점 다른 기후로 확산되면

위
탄자니아의 커피 수확
사진 | 크리스 콘먼

왼쪽
커피 체리
사진 | 에반 길먼,
로열 커피 제공

서 햇볕 건조 방식의 커피는 물류상의 문제를 야기했고, 보다 정교한 가공법이 도입되면서 내추럴 커피는 여러 시장에서 인기가 떨어졌다.

내추럴 커피는 현재 다시 르네상스 중반에 놓여 있는데, 이는 스페셜티 로스터들이 알고 있는, 잘 분류되고 적당하게 건조된 커피를 생산하여 독특하고 차별화된 맛을 추구하는 새로운 흐름 때문이다. 오랜 기간 동안 예멘과 에티오피아의 내추럴 커피는 높은 평가를 받아왔다. "모카(Moccas)"와 "하라(Harar)" 내추럴 커피는 1980년대와 1990년대 커피 메뉴의 스테디 셀러였으며, 특유의 블루베리 향미가 특징이어서 당대의 많은 로스터들이 21세기에 사라진 것을 슬퍼하는 커피이기도 하다.

1990년대 초까지만 해도 브라질은 내추럴 가공법을 사용하는 것이 유일한 방법이었지만, 기후와 기계화된 수확 관행 때문에 결국 이러한 산업 규모의 내추럴 커피는 다른 나라들처럼 강렬한 과일향을 앞세우는 컵의 특성을 따라잡지 못했다. "새로운" 브라질 내추럴 커피의 프로파일은 21세기 첫 10년 동안 등장하기 시작했는데, 마이크로 랏(microlot)을 찾는 로스터들에게 새롭게 접근하려는 소규모 생산자들에 의해 주도되었다.

현대의 에티오피아 내추럴 커피는 뛰어난 분류 과정을 통해 이전에 워시드 커피만이 독점하였던 최고 등급으로 격상되었다. 흔히 딸기, 복숭아, 재스민의 컵 노트를 끌어낸다.

사진 | 에반 길먼
로열 커피 제공

콜롬비아 내추럴 커피는 2016년 콜롬비아 커피 재배자 연맹(FNC, Federación Nacional de Cafeteros)이 수출 등급 정의를 완화하는 결의안을 채택하기 전까지는 사실상 수출이 금지되었다.

그러나 가공 기술의 발달과 수출의 문이 열리면서, 훌륭한 품질과 훌륭한 산지의 내추럴 커피를 쉽게 만날 수 있게 되었다. 나와 같이 주로 워시드 커피를 선호하던 품질 전문가들은 종종 내추럴 커피를 소위 "가공 방식에 의한 향미"가 지배적이어서 모두 균질화되고 지역 특유의 맛을 흐리게 한다고 묵살했는데, 이 주장은 충분히 기각될 만하다. 내추럴 커피는 생산자와 소비자 모두에게 다양하고 확장성 있는 영역이다.

내추럴 커피의 인기 확산에 대한 가장 큰 우려 중 하나는 커피의 특성이 아니라 커피의 정체성과 관련이 있는데, 프로세스 자체에 대한 명칭이 불분명하다는 것이다. 이 가공 방식은 자연 건조(natural), 건식 가공(dry-process), 전통 건조(traditional-dried), 햇볕 건조(sun-dried) 또는 체리 건조(cherry-dried) 라고도 불린다. 나는 명확성을 위해 "체리/열매 건조(dried in the cherry/fruit)"와 같은 문구를 사용하는 것을 선호한다.

개인적인 생각으로는, "햇볕 건조"는 너무 포괄적이다: 과육과 함께 말리지 않았을 뿐이지 다른 커피들도 동일하게 햇볕에 말린다. "건식 가공"은 가공 과정에서 물이 사용되지 않는다는

점에서 보다 정확한 용어지만, 수출 준비에 사용되는 용어인 건식 밀링(dry milling), 즉 밀도 및 크기 분류, 그리고 포장을 포함하는 것으로 오해할 수 있다.

"내추럴"이라는 단어는 가장 많이 사용하지만, 동시에 가장 터무니없이 불명확한 용어이기도 하다. "내추럴"이라는 표현은 식품 및 음료 분야에서 다양하고, 종종 모순되는 의미를 보여왔는데, 옥스퍼드 사전은 "자연 식품"을 "최소한의 방부제 처리 또는 가공을 거친 식품"으로 정의하고 있는 반면, 미국 식품의약국(FDA)에서는 '자연'이라는 용어를 "인공이나 합성물이 전혀 포함되지 않았다"는 뜻으로 간주하고 있으며[25], 기본 전제 이상으로는 설명하지 않고 있다.

워시드

워시드 커피 가공은 재료와 방법에 있어서 훨씬 더 많은 투자를 요하며, 그 보편성에도 불구하고 많은 로스터들이 제대로 이해하지 못하는 경우가 많다. 수확 후에는 과육 제거, 발효, 세척과 같은 몇 가지 주요 단계를 거친다.

커피 체리는 수확 후 분류과정을 거쳐 기계를 통해 과육을 제거한다. 소규모의 경우 수동 크랭크 펄퍼를 통해 과육을 제거할 수 있다. 보다 정교한 작업을 위해서는 펄퍼를 통과한 체리를 다시 통과시키고, 과육이 제거된 커피를 회전체에 통과시키는 등, 여러 단계를 거쳐야 한다. 그 결과로 남게 된 커피 씨앗은 여전히 파치먼트에 싸여 있고, 표면에 끈적끈적한 점액질이 남아 있다.

다음 단계에선 반제어 발효를 포함하는데, 이 과정에서 커피 콩은 짧은 시간, 보통 하룻밤에서 이틀 동안, 미생물이 남은 과육에 침용할 수 있도록 탱크에 보관된다. 비록 많은 생산자들이 공정의 균질화와 미생물 개체수를 일정 정도로 제한하기 위해 깨끗한 물에 불리는 것을 선호하지만, 탱크는 종종 덮개를 씌우지 않은 채 놓여지는 경우도 있다. 발효되지 않은 상태의 파치먼트는 미끄러운 질감이지만, 적당한 시간이 지나면 점액질이 거칠어지고 씨앗과 분리될 준비가 된다.

발효 후엔 탱크에 깨끗한 물을 더 많이 사용하여 관을 통해 탱크에서 커피를 배출시킨다. 일반적으로는 연결돼 있는 수로를 통해 관에 따라 직접 작업자가 파치먼트를 밀고 문지르며 깨끗하게 한다. 수로를 따라 빠르게 흘러내리는 커피는 하위 등급으로 구분되는 반면, 수로에서 밀어내기 위해 가장 많은 노력이 필요한 무겁고 밀도가 높은 커피는 일반적으로 최상의 품질이다. 이러한 워싱과 등급 설정 단계는 이 스타일의 커피를 정의한다. 거의 모든 세척 작

사진 | 에반 길먼, 로열 커피 제공

업은 습식 가공소(wet mill), 세척 스테이션(washing station), 공장(factory), 베네피시오(beneficio) 또는 펄프 공장(pulpery)이라고 불리는 중앙부에서 이루어진다.

일반적인 추가 단계에는 전체 체리를 띄워 놓고(flotation)* (돌멩이, 미성숙 체리 등을 제거하기 위해) 깨끗한 물에 담근 후 발효하는 과정(케냐와 에티오피아에서 흔히 볼 수 있는 것처럼)이 포함될 수 있다. 어떤 사람들은 담그기(soak)를 나타내기 위해 "이중 세척(double washed)"이라는 용어를 사용하고 두 가지 추가 단계가 모두 수행되었음을 나타내기 위해 "삼중 세척"이라는 용어를 사용하기도 한다. 내 경험상 "수세식(fully washed)"은 주로 요즘 스페셜티 분야에서 가끔 사용되는 펄프드 내추럴(pulped natural) 또는 허니 프로세스를 가리키는 용어인 "세미 워시드(semi-washed)"와 같은 커피를 구별하는 데 사용된다.

"습식 가공(wet process)"이라는 용어는 역사적으로 종종 워시드 커피에 적용되었지만 이러한 용어는 공정의 다른 부분을 나타내며 실제로 같은 의미로 사용할 수 없다. "습식 가공"에는 예를 들어 "펄프드 내추럴"과 같이 세척을 사용하지 않고 커피를 건조시키는 스타일이 포함될 수 있다.

허니, 펄프드 내추럴 & 세미 워시드

"허니(honey)", "펄프드 내추럴(pulped natural)" 및 "세미 워시드(semi-washed)"는 혼용해서 사용할 수 있는 용어로 습식 가공소에서 과육을 제거하지만, 탱크 발효와 수로 세척 과정을 거치지 않고 대신 파치먼트에 달라붙은 끈적끈적한 점액질째로 말리는 가공 방식이다.

최초의 펄프드 내추럴 커피는 1990년대 초에 브라질에서 워시드 커피**와 더 비슷하지만 물을 덜 사용하는 커피를 생산하는 방법으로 등장한 것으로 보인다. 포루투갈어로 세레사 데스카스카도(cereza descascado)라고 하는데, 이는 "껍질을 벗긴 체리"로 번역되며, 건조되기 전에 열매의 과육이 아닌 껍질이 제거되었음을 나타낸다.

이것은 영어로 "펄프드 내추럴"로 알려지게 되었는데, 이는 커피에서 펄프는 제거했지만 씻지 않고 내추럴처럼 건조되었음을 나타낸다. 세미 라바도(semi-lavado(semi-washed))라는 용어는 라틴 아메리카의 스페인어 사용 지역에서 처음 등장했으며 이 용어를 의도적으

발효 탱크로 이동 중인 껍질이 제거된 커피
사진 | 크리스 콘먼

---

* 체리를 물에 띄우는 단계는 종종 다른 처리 스타일보다 먼저 수행된다. 품질 및 장비 문제를 제거하는 빠르고 쉬운 방법이다. 그러나 그 중요성에도 불구하고 생산자나 로스터는 이 처리 유무를 표시하지 않는다.

** 몇 년 전 상파울루 주의에 피냐울(Pinhal)에 있는 농기구 제조업체 피냘렌시(pinhalense)의 공장을 방문했을 때 나는 1991년에 내 투어 가이드가 세계 최초의 펄프드 내추럴 커피를 건조시켰다고 설명하는 소박한 파티오를 흥미롭게 보았다. 약간의 노력에도 불구하고 나는 이 주장의 진위를 확인할 수 없다.

로 사용할 때 펄프드 내추럴과 약간의 차이가 있다고 주장할 수 있다. 세미 워시드 커피는 사용하는 장비에 따라 펄핑 작업 동안 더 많은 물을 사용할 수 있다.

부차적으로 밀도를 분류하기 위해 깨끗한 물을 사용하여 세척 및 등급 분류 수로를 통해 "허니(honey)" 커피를 보내는 것도 가능하지만 거의 수행되지 않는 것으로 알고 있다. 나는 또한 최근에 침용 탱크에서 몇 시간을 보내고 여전히 점액질로 덮인 파치먼트를, 건조 전에 부분적으로 세척하는 발효 허니 커피를 본 적이 있다.

실용적인 의미에서 이러한 용어(허니, 펄프드 내추럴, 세미 워시드 등)는 본질적으로 동일한 가공 방법을 나타낸다. "세미 워시드"는 영어권에서 크게 인기를 얻지 못했다. 대부분의 경우 간결하고 매력적인(불투명하지만) 용어인 "허니"가 이 프로세스를 표현하는 데 사용된다. 다양한 색상의 허니 커피는 씨앗이 건조되는 동안 남은 과육의 양을 모호하게 나타내기 위해 검은색(블랙 허니), 빨간색(레드 허니), 노란색(옐로우 허니) 또는 흰색(화이트 허니)으로 부른다.

무산소 가공 & 탄산 침용(ANAEROBIC & CARBONIC)

커피 산업이 21세기의 30년에 접어들면서 점점 더 많은 종류의 밀폐 탱크(일반적으로 공기가 빠져나갈 수 있는 단방향 밸브가 있음)를 포함한 발효 및 준비 방법을 볼 수 있다.

이런 가공 방식의 목적은 이용할 수 있는 산소를 제한하여 커피 열매에 더 유익하게 작용하는 박테리아와 효모만을 남겨 새롭고 흥미로운 향미를 발달시키는 데에 있다.

불행히도 "혐기성"(anaerobic, 무산소)과 "탄소"(carbonic, 이산화탄소가 풍부한)라는 표현은 모두 이 가공 방식 안에서의 그들의 역할은 물론이고, 보다 전통적인 발효의 역할도 오히려 복잡하게 만들고 잘못 해석하게 하는 용어다.

혐기성(Anaerobic)은 밀폐된 저산소 환경(엄밀히 말해서 모든 발효가 혐기성이라는 사실에도 불구하고)에 점점 더 많이 적용되고 있는 광범위한 용어다. 어떤 경우에는 발효가 밀폐된 탱크에서 일어난다는 점을 제외하고는 워시드 커피처럼 가공된 커피를 나타낸다. 때때로 "젖산"이라는 용어는 유산균이 혐기성 환경에서 번성하는 경향을 나타내는 데 사용된다. 다른 경우에 저산소 환경에서 일정 시간 동안 유지되는 한 혐기성은 다양한 정도의 펄프 제거(또는 약간의 제거) 또는 펄프가 제거되지 않은 내추럴 커피에 적용될 수 있다."

"탄산 침용(Carbonic maceration)"은 와인 산업 용어로서, 커피 산업에서는 거의 대부분이 체리째 밀봉된 탱크에 담겨 침용되는 것을 지칭한다. 이 커피는 때때로 껍질을 벗긴 후 파

그림 1. 커피 가공 방식

KEY: 항상 · 보통 · 가끔 · 드물게 · 부분적으로

	수세식	이중 세척	삼중 세척	내추럴/과육째 건조	펄프드 내추럴/허니	웻 헐드	무산소	탄산 침용	에코 펄프드/점액 제거
체리 띄우기	가끔	가끔	항상	드물게	가끔	가끔	가끔	가끔	가끔
펄프 제거	항상	항상	항상		항상	항상	가끔	가끔 (발효 후)	항상
발효/침용(전통)	항상	항상	항상		드물게	보통			드물게
발효/침용(밀폐 탱크)							항상	항상 (체리 형태)	
세척 수로(문지르기 및 분류)	항상	항상	항상			가끔	가끔	가끔	드물게
발효 후 담그기	가끔	항상	항상			드물게		드물게	드물게
체리 상태로 건조				항상			가끔	가끔	
깨끗한 파치먼트 상태로 건조	항상	항상	항상			부분적으로	가끔	가끔	항상
워시드 또는 점액질 상태로 건조					항상		드물게	드물게	
종자 상태로 건조(생두)						항상			

치먼트 상태로 건조되며 때로는 내추럴 상태에서 건조된다.

　이러한 불명확한 용어 사용은 다양한 생산자가 시도하는 광범위한 기술의 다양성과 가공 방식의 상대적 새로움으로 인해 발생한다. 우리가 일반적으로 확신할 수 있는 것은 껍질을 제거하기 전이나 후에 커피가 밀봉되고 어떤 경우에는 물에 잠기고 제한된 산소 환경에서 발효되도록 남겨진다는 것이다.

　명확히 하자면 "밀폐 탱크(sealed-tank)" 발효 또는 침용이 "혐기성" 및 "탄소성"이라는 용어보다 이러한 과정을 더 명확하게 전달하고 더 정확한 설명을 제공한다. 정확하지 않은 용어에 의존하기보다 사용된 장비와 커피의 상태(즉, 분쇄 전에 펄프를 제거했는가?)에 대한 세부 사항을 강조하면 공급망 전반에 걸쳐 더 나은 이해를 가능하게 할 것이다.

기타 가공 방식

디스크 점액질 제거기
사진 | 크리스 콘먼

길링 바사(Giling basah 또는 Wet hulling)는 아마도 수마트라 섬에서 가장 일반적으로 수출되는 가공 방식이며 인도네시아의 다른 곳에서도 자주 볼 수 있다. 이 과정은 일반적으로 표준 세척된 커피 프로토콜을 수반하며, 그 후 건조된 파치먼트가 아직 축축한 상태에서 제거되고 종자 상태로 건조가 완료된다.

　포대 침용(Bag maceration), 테이블 침용, 기타 방법은 대개 부분적 혹은 완전히 밀봉된 환경에서 전체 처리를 부분적으로 과숙성 및 "발효"하는 방식으로, 올바르게 수행될 때 "와인"의 향미를 내는 방법이다. 센서리 결함의 가능성이 상당히 높아 보이기 때문에 이러한 스타일을 약간 의심하는 경향이 있지만, 이런 방식으로 가공된 매우 일관된 맛의 커피도 있었다. 때때로 이러한 스타일은 "혐기성"으로 분류되기도 한다.

　펄프 제거의 또 다른 방식으로 발효 및 세척 단계 없이 커피의 점액질을 전부 또는 거의 제거할 수 있는 장치인 에코펄퍼(ecopulpers) 및 점액질 제거기(demucilaginators)를 사용할 수 있다. 허니 커피와 작업 흐름이 유사하며 세척 및 발효 단계가 없음에도 불구하고, 이러한 스타일은 향미의 유사성과 최소한의 점액질이 있다는 점 때문에 때때로 "워시드"로 분류된다.

　추가 발효 단계, 혼합 발효 스타일, 간헐적 세척 및/또는 온도 제어에 의한 확장 발효는 모두 품질을 다르게 하고 침용 시간을 연장하여 종종 다른 센서리 효과를 위해서 사용된다.

　이러한 관행에는 체리 형태인 채로 침용한 후 껍질을 제거한 파치먼트나, 건조 발효 더미 사용 후 세척한 다음 수중 발효하는 방법, 또는 밀폐된 탱크를 지하 또는 에어컨이 설치된 환

경에 보관하는 것이 포함될 수 있다. 업계 전반에 걸쳐 이러한 방법에 대한 일관된 용어는 아직 없다.

수확 후 가공 방식에 대한 결론

물론 이 분야의 문제는 본질적으로 환원적이라는 것이다. 그러나 우리 모두가 의미에 동의할 수 있다면 복잡한 절차를 전달하는 간결한 방법을 제공할 수 있다.

가장 단순한 것부터 가장 복잡한 것까지 커피 생산에 사용되는 처리 스타일은 일반적으로 일관된 용어 사용이 어렵다는 점이다. 침용(maceration), 펄프 제거(depulping), 건조(drying)에 대해 말할 때 사용되는 표현을 명확히 할 수 있다면, 특히 가공의 정확성이 커피의 품질, 계약 또는 관계를 결정하거나 깨뜨릴 수 있는 상황이라면 대화의 공통 기반을 제공하는 용어에 동의하기 시작할 수 있다.

내 동료 에반 길먼(Evan Gilman)은 최근 사람들이 "펄프드 내추럴" 또는 "트리플 워시드"와 같은 표현을 쓸 때 일반적으로 의미하는 바를 정확하고 신속하게 전달할 수 있는 고유한 시각화 도구를 만드는 데 도움을 주었다.

순서도에서 색상으로 구분된 언어에 유의하자. 녹색은 "거의 항상"을 나타내고 갈색은 "거의 없음"을 나타내며, 상당한 양의 모호성은 황갈색으로 강조 표시되고 몇 가지 예외는 추가 음영이나 텍스트를 통해 전달된다(47페이지 그림 1 참조). 가공방식을 지칭하기 위해 사용하는 특정 용어가 모든 사람들에게 같은 의미를 부여하는 것은 아니기 때문에 이러한 모호성은 예상할 수 있다.

커피 건조

발효 및 수확 후 처리의 첫 번째 단계가 이루어지는 가공소(wet mill) 또는 세척 스테이션(washing station)은 결함이 있는 파치먼트 커피를 제거하기 위해 가공 시작 단계에서 손으로 분류할 수 있도록 작업자를 자주 고용한다.

궁극적으로 가장 중요한 품질 보존 단계 중 하나가 여기에서도 이루어진다: 즉, 커피의 수분 함량이 중량 기준으로 약 10~12%가 되기까지 느리고 고르게 건조되도록 한다. 이 정도의 수분율은 곰팡이로부터 안전하게 하고, 센서리 품질 측면에서 저장 안정성을 보장한다. 이 목표가 충족되면 커피는 큰 품질 저하 없이 바다를 가로질러 힘든 여정에서 살아남을 것이다 (자세한 내용은 챕터 5 참조).

방수포, 파티오, 베란다 또는 모든 열린 공간은 사실상 커피를 건조할 수 있는 공간이다. 높은 테이블 또는 "아프리칸 베드(beds)"는 품질 보존에 가장 좋은 것으로 흔히 여겨지며 건조되는 커피콩 더미 주위에 추가적인 공기 흐름을 보장한다. 다양한 수준의 기술적 정교함을 지닌 기계식 건조기는 규모와 처리 시간의 효율성을 위해 사용될 수 있다. 모든 스타일에는 어느 정도의 위험이 따른다: 너무 천천히 건조되거나 고르지 않게 건조되거나 재수화(예를 들어 비를 맞는 경우)된 커피는 곰팡이나 박테리아를 키울 수 있다. 과도하게 건조된 커피는 로스팅 중에 발생하는 향미 화합물을 종종 손상시킨다. 너무 빨리 건조된 커피는 불안정하고 컵 품질이 빠르게 떨어질 수 있다.

건식 가공소(THE DRY MILL)

건조 커피(drying coffee)와 혼동하지 말자. 건식 가공소(dry mill)는 건조된 커피가 수출 및 로스팅 전에 준비를 마치는 절차로, 파치먼트를 벗겨내고 크기와 결함을 분류하는 곳이다.

건식 가공소는 아마도 커피 가공에서 가장 화려하지 않은 단계다. 산업 장비로 가득한, 이 크고 먼지가 많고 시끄러운 창고는 파치먼트를 제거하고, 밀도와 콩 크기, 색상 결함을 분류한다. 시각적 결함은 선별자(인당 하루에 60kg 이상을 선별하는)에 의해 작동되는 수동 컨베이어 벨트를 통해 검사하거나, 정교한 컴퓨터 시스템을 갖춘 광학 선별기(optical sorter)로 색상의 일부 또는 허용 가능한 수의 지정된 허용 오차 내에서 변색된 커피를 감지하고 제거한다.

우리 주제에 대해 말하자면, 이전 몇 단락에서 생두의 수분, 밀도, 스크린 크기 및 결함 수와 같은 측정 가능한 표준이 중요한 사항이라는 것을 알 수 있을 것이다. 이 네 가지 기둥은 생두 품질을 분석하는 기초를 형성하며 앞으로 다룰 챕터 5의 주요 초점이 된다.

많은 경우에, 준비된 커피 물량은 판매를 약속한 국내 수출업자, 또는 (더 흔한 경우로) 구매하려는 수입업자 또는 로스터와 같이 보증된 구매자가 있을 때까지 건식 가공소에서 보관된다.

이것이 의미하는 바는 대개 재정적 능력 면에서 유동성이 가장 낮은 커피 소유자, 즉 일반적으로 농부나 가공소(예를 들어 협동조합)들은 판매가 확정되기 전까지는 건식 가공소에서 처리되지 않은 상태로 커피를 오랫동안 보유하고 있을 수 있다는 것이다. 무역에서 힘이 약한 생산자에게 이것은 재정적 부담으로 작용한다.

　다음 챕터의 내용은 생두 여정의 각 단계마다 재정적인 이슈와 해야 하는 일에 대해 설명한다.

코스타리카의 건식 가공소
사진 | 코니 블룸하트

다음 페이지
커피 묘목
사진 | 크리스 콘먼

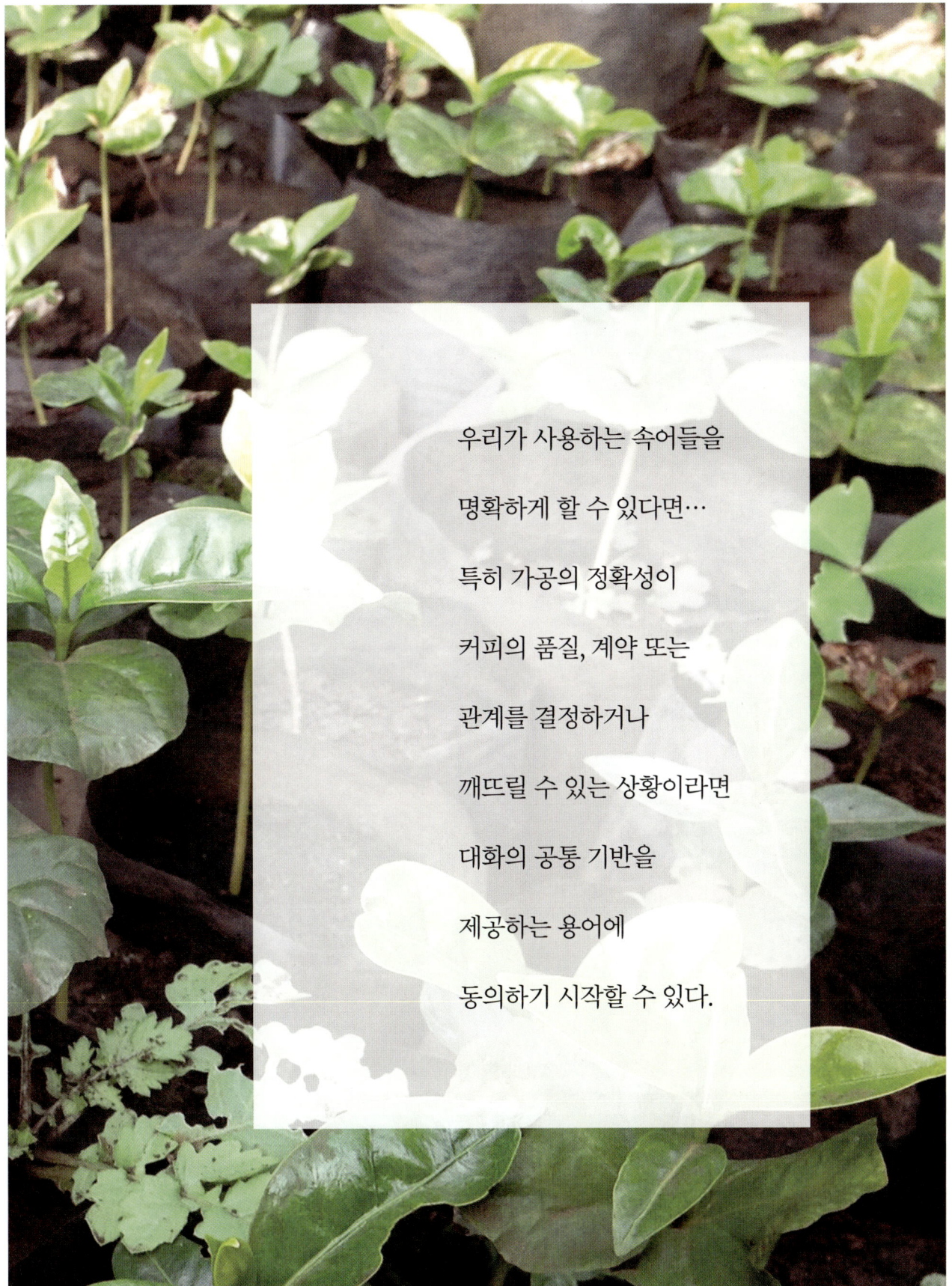

우리가 사용하는 속어들을

명확하게 할 수 있다면…

특히 가공의 정확성이

커피의 품질, 계약 또는

관계를 결정하거나

깨뜨릴 수 있는 상황이라면

대화의 공통 기반을

제공하는 용어에

동의하기 시작할 수 있다.

CHAPTER 3

BUYING
GREEN COFFEE

생두 구매

농장을 방문하여 샘플을 가져오는 형태는 2000년대 초부터 수많은 스페셜티 커피 로스터가 시행한 "다이렉트 트레이드(Direct Trade, 직접 거래)" 구매 프로그램의 핵심 구성 요소다. 그러나 커피 거래는 직접적이지 않다. 그리고 커피 구매는 로스터가 참여하기 훨씬 전에 시작된다.

내 첫 구매 여행은 헤크레오(Recreo) 농장에서 차를 타고 미나스 제라이스(Minas Gerais)의 산, 계곡 및 대초원을 지나 그 길에 따라 위치한 주로 규모가 큰 독립 농장들을 방문하는 것이었다. 나는 카르모 데 미나스(Carmo de Minas) 근처의 상 로렌소(São Lourenço)에서 며칠을 보내며 이 지역의 무성한 미시기후의 고지대에 위치한 중간 규모의 신흥 농장 그룹과 새롭게 관계를 형성했다.

나의 가이드는 브루노 소우자(Bruno Souza)라는 쾌활한 브라질 수출 파트너였으며 나를 전국의 다양한 농부 및 협회와 연결해주었다. 그는 여행을 위해 차를 빌렸는데, 여행이 끝날 무렵 그 차는 완전히 먼지로 뒤덮였고 앞 유리에 여러 군데 크게 금이 갔다. 그는 다음 계약의 예산에서 수리비가 나올지 농담을 했다. 그는 우리에게 소개해 준 다수의 재배자들이 수출 허가증을 가지고 있었기 때문에 자신이 다음 계약에서 제외될 것이라는 점을 알지 못했다. (소우자는 로스터에게 소개한 생산자 중에 이미 수출입 대리인이 포함되어 있다면, 다른 많은 중개자들처럼 상업적 관계에 있어 불필요한 존재다.)

소우자는 카르모(Carmo)에서 파트로시뇨(Patrocínio)로 가는 길에 나를 약 350마일 떨어진 그의 작은 가족 농장으로 데려갔고, 그곳에서 우리는 세하도 미네이로(Cerrado Mineiro)의 대규모 농장을 방문했다. 햇볕에 타들어가는 듯한 그곳은 내가 브라질 농장에 대해 들었던 이야기가 펼쳐져 있었다: 농산업, 기계화, 그리고 내가 추구해야 했던 마이크로랏 품질의 종류에 거의 관심을 두지 않고 최대한 많은 커피를 생산하는 것에 몰두하는 곳이었다.

세하도에서 우리는 더 북쪽으로 차를 몰아 바이아(Bahia)의 건조한 남서쪽 모퉁이로 들어간 다음 산악 지형인 샤파다 지아만치나(Chapada Diamantina)를 지나 건조한 대초원에서 거의 700마일 떨어진 피아탕(Piatã)의 작은 마을로 올라갔다. 가족이 소규모로 운영하는 피아탕 농장은 믿을 수 없을 정도로 외딴 곳에 있었다. 일부는 한 번도 들어 본 적 없는 커피를 재배했다. 아그농(Agnon)이라는 이름의 농부는 보라색 잎이 많은 왜쇄종 나무로 가득한 들판을 경작하고 있었다. 나는 나중에야 그것이 푸르푸라스센스(Purpurascens)으로 알려진 드물게 자라는 버번 품종의 돌연변이라는 것을 확인했다.

피아탕의 내추럴 커피는 깨끗하고 과일과 같은 커피를 생산하여 그 지역의 품질이 우수하다는 것을 보여줬다. 내가 방문하기 전 해에 피아탕의 농부는 2009년 COE(Cup of

경사진 그늘 아래 아프리칸 베드에서 브라질 허니 가공
사진 | 크리스 콘먼

Excellence) 대회에서 1위, 5위, 10위(그리고 상위 26위 안에 3개 추가)를 차지했다. 1년 전인 2008년에는 COE 경매에서 바이아산 커피가 단 한 개도 발견되지 않았는데 말이다. 따라서 피아탕은 단번에 주목받는 농장이 되었다.

이곳에서 3일을 보낸 후 우리는 벨로 오리존테(Belo Horizonte, 600+ 마일)로 되돌아간 다음 이스피리투 산투(Espírito Santo, 175마일)로 넘어갔다. 첫 2주간의 여행 동안 나는 수십 개의 커피를 맛보고 20파운드가 넘는 샘플을 집으로 가져왔지만, (상업적 의미에서) 커피 구매로 이어지지는 않았다. 어떤 경우에는 계약을 이행하기 위한 샘플 승인만 하면 되었는데 이미 계약이 체결된 경우도 있었다. 다른 경우에는 계약되지 않은 커피의 최종 샘플이 시카고로 배송되고 커핑을 통해 승인 후, 거래가 원격으로 체결될 때까지는 몇 주 혹은 몇 달 동안 구매가 일어나지 않았다.

간소화된 시나리오 내에서 살펴보면, 내가 미나스 제라이스에서 처음 방문했던 농장과 같은 곳은 수직 통합형 산업의 주체자로서 대규모 재배지에서 커피를 대량으로 생산, 현장에서 파치먼트를 가공한 다음 모(母)회사의 건식 가공소로 보내 파치먼트를 제거하고 커피를 분류한 후 백에 포장하여 수출할 준비를 한다. 인접한 수출 사무소는 품질 검사를 수행하고 구매자 네트워크(또는 다국적 기업의 경우 해외 수입 지점)에 연락하고 국제 무역을 위한 서류를 작성한다. 수입국에 도착하면 수입 사무소에서 현지 로스터에게 커피를 샘플링하고 최종적으로 로스팅할 수 있도록 "판매"가 이루어진다.

그러나 세계 커피 생산 인구의 거의 3분의 2가 그렇듯이 커피가 텃밭에서 소규모 자작농에 의해 생산된다면 커피 체인은 훨씬 더 복잡해진다.

나는 피아탕에서 이것을 직접 보기 시작했다. 나는 커피 구매 방법을 도저히 찾아낼 수 없는 10명, 혹은 그 이상의 농부들을 만났다. 엄청난 항공 운송 비용 없이 수출 가능한 수량을 조달할 만큼의 조직화된 인프라가 충분하지 않았다. 내가 동아프리카에서 커피를 구입하도록 다시 발령 받았을 때 상황은 훨씬 더 극적이었다. 수백, 아마도 수천 명의 농부들이 매일 자신의 수확분을 지역 가공소에서 가공하곤 했다. 사전 가공된 세 백 분량의 커피 각각에 대해 100명의 농부와 직접 거래를 수행하는 것은 그야말로 실현 가능하지 않았다. 나를 비롯한 농부들에게는 중앙 집중식 기반 시스템이 필요했다.

2015년 8월 부룬디 북부 카얀자(Kayanza) 지방에서 워싱 스테이션의 소유주이자 수출업자인 라마단 살룸(Ramadhan Salum)이 나를 그의 대표 가공소인 부지라구힌드와(Buziraguhindwa)로 데려갔다. 해질 무렵 체리 가공이 막 시작되었고 작업은 이른 아침까지 계속되었다. 발전기로 작동되는 랜턴의 불빛에 의지한 채 회계원은 어두워지는 저녁에 한

줄로 늘어선 농부들의 이름과 체리 무게를 세심하게 기록했다. 각각은 시장 가격 이상의 현금으로 지급되었다. 가공소에서의 커피 체리 경쟁은 특히 수확기 초기에 치열해질 수 있으며, 소농들은 종종 어느 스테이션이 해당 거래일에 가격을 잘 쳐주는지를 서로 공유할 것이다.

대부분의 경우 이와 같은 소농은 교통 인프라가 부족한 외딴 지역에 거주하며 인근 커피 가공 시설에 대한 접근성도 부족할 수 있다. 그들은 트럭이 있는 이웃에게 커피 체리를 팔 수도 있다. 트럭 운전사는 지역의 커피 가공소에 커피를 판매하고, 지역 가공소는 규모가 큰 건식 가공소에 판매한다.* 건식 가공소는 파치먼트 커피를 몇 주 동안 보관하고 손으로 껍질을 벗

내추럴 커피 건조,
탄자니아의 피나그로
(Finagro) 농장
사진 | 크리스 콘먼

---

* 현재까지 생산 병목 현상이 발생하는 곳과 가격 담합에서 누가 가장 큰 힘을 행사하는지는 부룬디에 건식 가공소가 오직 9개뿐이라는 사실에서 유추할 수 있다.

긴 샘플들을 수출업자에게 보낸다. 수출업자는 커피를 구매하기로 동의한 다음, 다른 나라의 수입업자를 찾아 같은 커피를 샘플링해야 한다. 수입업자가 계약에 동의하면 커피가 건식 가공되고 수입업자는 항로를 예약하고 보험에 가입한다. 이 시점에서 그들은 커피에 관심이 있는 로스터를 찾기 시작한다.

농부와 로스터 사이에는 6가지 개별 거래가 있는데 이윤, 부패 또는 단순히 비용만 초래하는 비효율적인 일들이 만연하다. 공급망 뒤에 위치할수록 가격경쟁력이 떨어져 더 적은 돈이 되돌아간다. 소규모 자작농은 달러로 환산하면 문자 그대로 몇 페니 정도를 벌고 있지만, 이 커피의 생산 및 물류에 드는 파운드당 총 비용은 수직으로 통합된 대량 생산 농장보다 더 높을 것이다.

생두 구매자로서 로스터

로스팅 사업에 종사하는 많은 사람들에게 커피 구매는 능률적으로 진행된다. 로스터는 수입업자에게 연락하여 수량과 가격을 합의하고 운송 및 보험료를 지불하고 커피를 받는다. 다이렉트 트레이드의 출현은 구매자(즉, 로스터)에게 가격, 품질 및 수량을 더 앞선에서 협상할 수 있게 하고 재배자, 가공업자 및 수출업자와의 관계를 발전시킬 수 있는 기회를 제공했다. 그렇지만 전형적인 다이렉트 트레이드에서 로스터는 여전히 공급망 내의 단일 행위자로부터 커피를 구매하며, 일반적으로 구매자의 개입 없이도 생산에서 가공 및 수출에 이르기까지 거의 모든 물류 과정이 이루어진다.

직접 거래는 구매자로부터 판매자에 이르기까지 가격 투명성을 허용하지만 이러한 거래에는 여전히 수확에서 선적까지 커피를 준비하는 다른 모든 작업이 암묵적으로 필요하고, 이들 각각의 행위에는 비용이 발생한다. 질문은 간단하다: 이러한 비용이 구매자의 가격에 포함될까, 아니면 나중에 추가될까?

다음 섹션에서 다룰 상업 용어를 이해하면 답을 알 수 있다. 그러나 이러한 조건에 동의하려면 먼저 구매자가 커피를 수락해야 한다. 이것은 제품 샘플링의 기본적이고 전통적인 프로세스에 의해 수행된다.

공급망의 어느 지점에서든 구매 전 커피 판매는 실제로 항상 샘플 승인이 선행되어야 한다. 대부분의 생두 구매자에게 이러한 샘플은 간단하지만 중요한 몇 가지 범주로 그룹화할 수 있다.

샘플 카테고리

● **유형 샘플(Type Sample):** 이것은 판매용 특정 커피와 직접적으로 일치하지 않음을 의미하는 비대표적인 샘플이다. 새로운 관계에 대한 소개(예: "이것은 우리가 자주 취급하는 커피 유형입니다") 또는 장기간의 높은 신뢰 관계에서 많은 대표 샘플을 대신할 수 있다(예: "이번 시즌에 판매할 10개의 컨테이너에 대한 샘플 유형입니다").

● **대표 또는 스톡랏 샘플(Representative or Stocklot Sample):** 이 샘플 유형은 지정된 위치에 있는 특정 양의 커피에 직접 해당한다. 대표 샘플은 일반적으로 동일한 배치의 여러 백에서 추출하여 해당 커피에 대한 전체적이고 정확한 묘사를 제공한다(표준은 창고마다 다름).

● **제안 샘플(Offer Sample):** 구매할 수 있는 수량과 함께 "제안"되는 대표 또는 스톡랏 커피 샘플이다. 이 샘플 유형은 기존 계약과 연결되어 있지 않다. 다만 구매자가 마음에 들면 경우에 따라 거래 승인에 사용될 수 있다.

● **선적 전 샘플(PSS, Pre-Shipment Sample):** 일반적으로 기존 계약에 대한 "이행 옵션"으로 제공되며 대개 구매자가 반품할 수 없는 지점이다. 해당 커피는 보통 모든 가공이 완료되어 운송될 준비가 되어 있다. PSS의 승인은 완성된 커피를 구매자에게 수출하기 위한 합의로 간주한다. 샘플이 어떤 상태에 있는지 파악함으로써(예를 들어, 제안 샘플인지 아니면 그냥 유형 샘플인지) 평가자는 피드백을 기반으로 무엇이 변경될 수 있는지 혹은 아닌지를 더 잘 알 수 있다. 유형 샘플의 경우 "이것은 당신이 미래에 우리에게 공급할 수 있기를 바라는 품질에 관한 것입니다" 또는 "우리는 일반적으로 당신이 보여준 것과 같은 커피를 구입하지 않습니다"라는 단순한 표시로 충분할 수 있고, 대화의 다음 단계를 준비하게 한다.

　PSS의 경우 승인 평가자는 피드백을 거의 제공하지 않거나 전혀 제공하지 않을 수 있으며, 이는 선적 전 샘플이 이전에 합의된 조건과 기대에 부합하고(이전 제안 샘플과 일치할 수 있음) 따라서 승인되었음을 나타낸다. 그러나 샘플 승인 거부에는 그에 대한 몇 가지 구체적인 설명이 필요할 수 있다.

샘플 및 계약 요구 사항 승인

탄자니아의 페나고스
(Penagos) 에코펄퍼
사진 | 크리스 콘먼

특정 품질 표준을 설정하는 것은 커피 구매자와 판매자 간의 계약을 만들어가는 데 중요한 부분이 될 수 있다. 품질 측면에서 공급망을 따라 기여하는 다양한 역할들을 기억하는 것이 중요하다. 예를 들어 농부는 해상 운송의 적시성이나 커피의 스크린 사이즈를 제어할 수 없다. 이를 염두에 두면서, 계약과 품질에 대한 합의를 위해 언제 어디서 커피를 샘플링하는지, 어느 특정 시점에 누가 커피 품질을 유지할 책임이 있는지 고려해야 한다.

계약에 사용되는 일반적인 용어는 SAS 또는 "샘플 승인 대상(Subject to Approval of Sample)"이다. 이는 구매자가 샘플(PSS)을 받기 전에 판매자와 계약을 체결할 것임을 나타낸다. 해당 계약의 이행은 샘플 승인에 따라 결정된다. 구매자는 커피가 품질 기준을 충족하는지 여부를 표현하는 것 외에는 결정을 정당화할 다른 필요가 없다. 판매자에 대한 피드백은 적합한 향미 및 물리적 품질을 확보하는 데 매우 유용할 수 있다.

SAS 조건은 "승인 없음, 판매 없음(NANS, no approval, no sale)"이거나 아니면 "교체(replace)"(또는 "반복(repeat)")일 수 있는데, 이는 거부된 샘플 대신 새로운 PSS가 제공됨을 의미한다. 경우에 따라 판매자는 구매자에게 여러 옵션을 제공할 수 있다(예: "승인을 위해 샘플 A 또는 샘플 B 선택").

샘플 요청

샘플 요청은 구매 프로세스에서 중요한 부분이다. 필요한 샘플의 종류와 적절한 일정을 정확히 지정하면 거래를 완료하는 효과적인 방법이 될 수 있다.

함께 일하는 공급업체에게 요구 사항에 대한 세부 정보를 제공하면 해당 요구 사항을 충족할 수 있다. 샘플을 요청할 때 다음 사항을 고려하자.

● **총 수량** | 얼마나 구매하고 예상 사용 기간은 언제까지인가?

예를 들어, 다음 2개월 동안 사용할 50백이 필요하고 이후에 다른 옵션으로 재공급 받기를 원하는가, 아니면 재고 부족을 메우기 위한 긴급 수량만 채우면 되는가, 또는 다음 수확할 때까지 특정 산지에서 1년 정도 안정적으로 공급받기를 원하는가?

● **가격** | 달성하고자 하는 상한가와 하한가를 제시하자. 대부분의 판매자는 귀하의 기대치를 충족시킬 수 있는지 여부를 신속하게 알려줄 것이다. 이것은 당신이 도저히 살 수 없는 수준의 샘플을 어정쩡하게 어쩔 수 없이 승인하지 않도록 하는데 도움이 된다.

● **커핑 점수** | 스페셜티커피협회(SCA) 또는 커피 품질 연구소(CQI)의 컵 점수는 잘 정의되어 있고 어느 정도 보편적으로 이해되기 때문에 유용한 수치가 될 수 있다. 독자적인 컵 점수 또는 비표준 점수 시스템을 사용할 계획이라면 공급업체에 어떤 기준으로 점수를 매기는지 알려 혼동이 없도록 하자. 커퍼 개인마다 인지 정도가 다르다는 것을 예상할 수 있기에, 점수에 대한 엄격한 기준보다는 일정 정도의 범위 또는 근사치가 더 유용할 수 있다.

● **향미 속성** | 향미 프로파일은 많은 커피 브랜드 정체성의 중요한 구성 요소이며, 선호도(예: "너무 발효되어 술 같은 내추럴은 원하지 않음" 또는 "정말 밝고 날카로운 산미의 콜롬비아 커피를 원함")를 명확하게 설명한다면 공급업체가 당신이 원하지 않는 커피를 보여주는 일 없이 올바른 제품을 찾는 데 도움을 줄 수 있다. 컵 점수와 마찬가지로 센서리 속성도 연성 과학이므로 개인에 따라 컵 노트에 약간의 차이가 있을 수 있다. 또한, 현실적인 기대치를 유지하자: 구아바 젤리와 같은 맛이 나는 길링 바사 방식의 수마트라 커피를 찾을 가능성은 거의 없다. 이는 일반적으로 길링 바사 가공 스타일에서 나올 수 있는 맛이 아니다.

● **국가 또는 지역 전제 조건** | 이는 전 세계적으로 수백 개의 소지역의 커피를 제공할 수 있는 공급업체와 협력할 때 특히 중요하다. 가능한 구체적으로 제시할 수 있도록 하자. 일반 수입업체에게 접근하여 단순히 캐러멜 맛이 나는 84점 정도의 커피를 요청한다면 지역 선호도에 대한 몇 가지 후속 질문에 답변할 준비를 해야 한다. 이런 기준을 통과하는 커피가 전 세계에 있는 창고의 절반 정도는 차지하고 있을 것이기 때문이다.

● **기타 요구 사항** | 인증이 필요한가(예: 유기농, 공정 무역 등)? 그레인프로(GrainPro) 백 또는 이와 유사한 제품으로 포장해야 하나?

● **시기** | 언제 커피가 창고에 도착해야 하나? 이것은 즉시 구매인가, 아니면 선물(선도) 계약인가?

이러한 종류의 특정 세부 정보를 알면 공급 파트너가 정확한 옵션을 제공하는 데 도움이 된다.

시기에 따른 의사소통

샘플에 관한 시간별 의사소통은 예상, 분석 및 후속 조치와 같은 세 부분으로 나눌 수 있다.

예상

샘플 요구 사항을 전달한 후에는 샘플 배송과 종종 발생하는 지연 일정을 고려하여 계획을 세우는 것을 잊지 말자. 국내 배송은 며칠이 소요될 수 있으며 국제 샘플 배송은 일반적으로 다양한 통관 문제를 해결하는 데 최소 1주일 이상이 소요된다. 공급업체에 추적 데이터를 요청하고, 샘플을 받았을 때 공급업체에 반드시 연락해야 한다. 많은 경우 국제적으로 배송된 샘플은 사전 통지가 필요하며 미국에서는 공급업체의 식품의약국 등록 번호가 도착해야 한다.

분석

필요한 경우 수분이나 스크린 사이즈와 같은 물리적 사양을 확인하는 것을 포함하여 수령한 샘플을 제대로 평가하여 자신에게 적합한지 확인하자. 준비와 정리를 위한 충분한 시간과 함께 샘플 로스팅 및 커핑 일정을 필요로 할 것이다. 결과는 즉시 기록되어야 한다. 피드백 사항

에 대한 방침을 마련한다면 프로세스를 체계화하는 데 도움이 될 수 있다. 예를 들어 수령 후 영업일 기준 5일 이내에 결과를 전달하겠다고 자신과 공급업체에 약속한다면 특정 기한까지 목표 달성이 더 용이해지면서 업무가 더욱 원활하게 진행될 것이다.

르완다 니야마가베 (Nyamagabe)에 있는 레메라(Remera) 가공소
사진 | 크리스 콘먼

후속 조치

피드백 제공에 대한 일반적인 룰은 "빠를수록 좋다"는 것이다. 이 샘플이 모든 사람들에게 여전히 신선한 주제일 때 대화는 원활하게 이루어질 수 있으며, 프로세스의 지연을 방지한다면 다른 구매자에게 빼앗길 위험 없이 커피를 확보할 수 있다.

그러나 분석이 완료되기 전에 급하게 결과를 보내면 공급업체를 혼란에 빠뜨릴 수 있다. 특히 품질이나 구매 목적에 관하여 애매한 태도를 보이는 경우에는 더욱 그렇다. 시간을 들여 철저히 생각한 후 간결하게 정리한 다음, 추가 세부 사항이나 질문을 보내기 전에 응답을 기다리는 게 먼저다.

센서리 분석

생두에 대한 대략적인 아로마 검사는 일반적으로 가공법 및 외부 영향에 대한 잠재적 노출과 관련한 몇 가지 가벼운 통찰력을 제공할 수 있다. 워시드 커피는 아마도 생두나 신선한 건초에서 나는 향과 같이 신선하고 희미하게 채소 향이 나야 한다. 내추럴 커피는 일반적으로 가벼운 과일 향을 가지고 있다. 아세트산 식초 향은 종종 제대로 가공되지 않은 커피에 존재할 수 있으며, 녹색이 바랜 경우 약간의 골판지 냄새가 날 수 있다. 곰팡이가 핀 커피는 그대로 곰팡이 냄새가 날 수 있다. 감자맛 결함(PTD)이 높은 빈도와 강도로 존재한다면 아로마만으로도 감지할 수 있다.

커피 무역에 종사하는 대부분의 센서리 전문가들은 구매 목적의 로스팅의 경우 첫 번째 크랙이 시작한 직후의 가볍고 균일한 "샘플 로스팅"을 선호한다. 샘플은 일관적인 관행에 따라 숟가락으로 떠서 슬러핑하는 방식으로 커핑을 한다. 샘플은 일반적으로 일관성을 확인하기 위해 여러 개의 컵으로 테스트하며 유사한(또는 때로는 비슷하지 않은) 커피와 나란히 커핑을 한다.

스페셜티 커피의 커퍼는 다소 주관적인 향미 프로파일과 산미, 단맛, 점도, 균형감 및 애프터테이스트와 같은 속성의 강도에 초점을 맞추는 경향이 있다. 가장 잘 알려진 스페셜티 커핑 시스템은 SCA/CQI 형식으로, 커피당 10개의 카테고리를 분석하고 100점 기준으로 점수를 기입한다. 스페셜티 커피는 기술적으로 80점에서 시작하지만 최근의 스페셜티 선두에 선 로스터는 일반적으로 싱글 오리진 커피에 대해 85점 이상을 목표로 한다. 라이트 로스팅이라는 소수의 취향에 빠진 우리는 헤아리기 어려울 수 있지만, 피츠(Peets)와 스타벅스(Starbucks)는 로스팅 후에는 한 번에 감별하기가 꽤 어려운 다크 로스트 정도임에도 대부분 스페셜티 등급 커피를 구매하고 있다.

스페셜티 커퍼는 깔끔한 피니시, 뚜렷한 단맛(이 범주는 SCA 커핑 형태에 따라 수치화되지는 않음) 및 생생한 산미가 있는 과일과 같은 커피를 선호하는 경향이 있다. 그들은 지나치게 우디(woody)하거나 쓸쓸하거나 밍밍하거나 단순한 커피를 피하는 경향이 있다. 대체로 이러한 유형의 평가에 사용되는 표준화된 샘플 로스팅은 생두의 원산지와 가공 방법의 고유한 특성을 빛나게 하는 경향이 있다(다크 로스팅에선 가려질 수 있는 결점이나 단점이 노출되기 때문). 구매가 진행된 후, 로스터는 보다 정밀하게 제어된 생산 로스팅을 하며 생두가 가진 고유의 특성을 표현할 수 있다(챕터 4에서 자세히 설명).

센서리 결함

가장 해로운 컵 특성은 컵에서 바로 인식할 수 있고, 로스팅으로 극복하기란 거의 불가능하며, 이런 커피가 어떤 것인지에 대해 훈련을 통해 알 수 있다. 이러한 주요 센서리 결함은 과발효, 곰팡이, 페놀/리오(소독 냄새) 및 감자맛 결함이며 각각 생두의 취급과 관련이 있다.

과발효(Ferment)

이것은 센서리 결함으로 어느 정도 "과발효"를 거친 워시드 커피에서 가장 흔히 발견되는데 지나친 과일, 포도주, 아세트산/식초 같은 향미를 지닌다. 일반적으로 한 배치당 몇 개의 콩만 과발효일 수 있지만(아마도 몇 개의 과발효 생두가 전체에 영향을 미침) 만약 발효 탱크에 너무 오래 담겨 있다면 전체 랏에도 영향을 끼칠 수 있다.

"과발효된 커피"는 에틸에스테르의 농도가 평소보다 높으며[26], 커퍼들은 "발효" 향미 결함과 "과발효"라는 용어가 의미하는 바를 미생물이 커피 과육뿐 아니라 씨앗 자체까지 침투한 결과라고 이야기한다.[27] 이것은 시각적으로 갈색의 신맛이나 악취로 나타날 수도 있다.

내추럴 커피는 "발효" 결함의 대상이 되는가? 아마도 그것은 당신의 관점에 달려 있을 것이다. 내추럴은 상품 시장(또는 "C 마켓")에서 "경질(hard) 아라비카"(예를 들어 "마일드 아라비카" 중미 지역의 워시드 커피와 반대)로 분류되며 결과적으로 더 낮은 가격으로 거래된다. 그러나 일관되고 깨끗한 내추럴은 달콤하고 숙성된 과일과 같은 최고의 맛을 제공하며 짠맛이 나는 올리브 같은 향미는 없다. 그리고 산미가 높거나 와인과 같은 내추럴도 독특함을 선호하는 일부 로스터들을 위해 프리미엄 시장에서 거래될 수 있다.

곰팡이

곰팡이의 기본 센서리 특성은 거의 퀴퀴한 지하실 냄새나 빵 곰팡이 냄새와 비슷하다. 대부분의 다른 센서리 결함보다 더 많이 발생하여 이를 감지하는 것은 어렵지 않다; 많은 전문 감별사들이 낮은 농도에서도 그것을 식별하기 위해 고군분투한다. 다른 주요 결함과 마찬가지로 한 배치 또는 전체 랏에 포함된 적은 수의 생두로도 전체에 영향을 미칠 수 있으며 습식 가공소와 건식 가공소, 또는 운송 및 보관 중에 발생할 수 있다.

모든 곰팡이가 독성이 있는 것은 아니지만, 특히 오크라톡신A(OTA)로 알려진 진균독이 커피에서 검출된 바가 있다. 충분히 높은 농도의 OTA는 신부전을 유발할 수 있으며, 발암 물질이나 신경독으로도 의심되는 물질이다. 주로 아스퍼길러스(Aspergillus) 및 페니실리움(Penicillium) 속의 곰팡이에 의해 발생하며, 가공 중 또는 수출 전 건조 중에 오염이 발생할 가능성이 가장 높다.

　나와 당신, 그리고 우리가 아는 모든 사람들이 식료품점 통로에서 쉽게 구할 수 있는 수많은 제품들을 통해 극소량의 OTA에 노출되었을 가능성이 높다. 상품의 공개 견본 연구에서는 OTA가 곡물 파생 상품의 90%, 말린 무화과의 절반, 주스, 와인 및 칠리 파우더와 같은 제품에서 높은 비율로 발견되었다.[28] 일반적으로 낮은 등급의 커머셜 커피, 인스턴트 및 디카페인도 커피에서 발생할 수 있는 이런 오염의 주요 원인들이었지만, 유명 브랜드들이 그들의 무독소 대체품을 광고하는 것을 막지는 못했다. 그들이 판매하는 것은, 내 연구에 따르자면, 깨끗한 제품이라기보다 그것이 없다는 것에 호소하는 마음의 평화에 더 가깝다.

　진실은, 발표된 연구들에서 발견된 가장 높은 OTA 농도의 커피를 마시기 위해선 별다른 거부감 없이 당신의 신체가 허용하는 것보다 훨씬 더 많은 액체와 카페인을 섭취해야 가능한 일이다. 커피의 OTA 중독으로 인한 인류에 대한 위험은 극히 낮으며, 그 점에서 우리는 이것을 밝혀낸 (부분적으로) 국제 커피 기구(ICO, International Coffee Organization)와 유엔 식량 농업 기구(FAO, Food and Agricultural Organization)의 노력에 함께 감사해야 한다. 이 기관들은 커피 생산의 OTA 감소와 관련된 관행을 개선하기 위한 650만 달러 가치의 프로그램을[29] 진행했으며, 2006년 현재 30개국 이상이 권장 관행을 채택했다.[30]

　일반적으로 곰팡이, 특히 OTA의 경우 해결책은 취급 및 보관 시 일반적인 다른 모범 사례들과 비슷하다; 그것은 로켓 과학처럼 고급 기술 영역이 아니며 야크 버터와 MCT가 잔뜩 들어 있는 만병통치약으로도 해결되지 않을 것이다.

페놀 / 리오

커피와 대부분의 다른 식물에는 페놀이 풍부하다. 커피의 경우 과육의 탄닌과 씨앗의 클로로겐산이 주요 기여자다.[31] 페놀 화합물은 항산화제가 풍부하며 일반적으로 사람이 섭취하기에 건강한 것으로 간주된다.

　그러나 아이오딘, 반창고 또는 "수돗물" 향으로 쉽게 인식되는 페놀성 센서리 결함은 주로 커피의 성장 또는 건조 중 박테리아 감염 및 가뭄의 결과인 것으로 보인다. 국제 무역 센터(ITC, International Trade Centre)는 탄산(Carbolic Acid)과 하이드록시벤젠(Hydroxy benzene)을 결함으로 식별한다.[32]

　브라질에서는 이 향미 결함을 역사적으로 "리오(Rio)" 또는 "리오이(Rioy)"라고 불렀으며 자체 등급의 구별이 있다. 전체 랏에 걸쳐 페놀성 향미에 완전히 영향을 받는 소위 "경질" 커피는 특정 시장(특히 그리스와 사우디아라비아)에서 수요가 있다.

감자맛 결함(PTD)*

주로 로스팅 후 생감자와 같은 냄새와 맛을 내는 감자맛 결함(Potato Taste Defect)은 특정 동부 및 중앙 아프리카 오대호 커피, 주로 르완다, 부룬디, 콩고 민주 공화국 및 우간다에서 특징적으로 발견된다. 탄자니아, 잠비아, 케냐에서는 덜 발생한다.

결함이 있는 커피의 맛과 향이 생감자와 상당히 흡사하다는 점 외에는 뿌리채소와 아무런 관련이 없다. 이것은 일반적으로 식물에서 자연적으로 생성되는 화학 계열의 피라진 (pyrazines)에 의해 발생한다. 예를 들어 피망과 같은 야채에서 발견되는 일부 피라진은 와인에서 유사한 맛을 내는 원인이 되기도 한다.[33]

커피에서 PTD가 발생하는 원인으로 현재 알려진 것은 판토에어(Pantoea) 속에서 확인된 고유한 종의 박테리아이며[34] [35] 종명은 커파이필라(Coffeiphila, "커피 애호가(coffee-lover)")로 붙여졌다. 그것은 종종 안테스티아 벌레(Antestia bug)에 의해 발생하는 체리 껍질의 손상을 통해 커피 종자로 진입한다. 인용된 연구 중 하나는 박테리아가 "감자 같은 강한 냄새를 풍긴다"고 언급하기까지 했다.

특정 원인이 무엇이든 문제는 지역적으로 국한되며 커피가 가공, 수출, 로스팅 또는 소비되기 훨씬 전에 농장 수준에서 발생한다.

센서리 분석 피드백

스페셜티 커피 구매자에게 관능적 피드백은 의심할 여지없이 구매자의 선호도를 전달하고 최고의 커피를 얻는 가장 좋은 방법이다. 향미 프로파일이 도움이 될지 아니면 모호할지는 매우 미묘한 차이로 나뉘어진다. 가장 좋은 종류의 커뮤니케이션은 당신의 선호도를 공급업체에 확인하고, 정확하고 가치 있는 관능적 피드백을 제공하는 데 도움이 된다.

구체적인 메모와 점수는 매우 가치가 있지만 설명이 지나치게 세세하거나 장식적이면(예: 고객을 위한 방법) 때때로 대화에서 주의를 산만하게 할 수 있다. 그림 2(72페이지)는 의미 있는 상호작용과 도움이 되지 않는 설명 간의 차이를 보여주는 몇 가지 예를 보여준다.

알려진 결함이나 특정 문제와 관련하여, 다시 한번 정밀함이 핵심이다. 그림 3(옆)은 도움이 되지 않는 유형의 피드백 옆에 명확하게 의사소통하는 방법에 대한 몇 가지 예를 강조한다.

---

* 나는 이 지역의 커피를 좋아하고 커피를 수급하고 농부 및 수출업체와 협력한 경험이 풍부하기 때문에 이 결함에 대해 많은 생각을 가지고 있다. Daily Coffee News의 "감자 맛 결함: 로스터가 알아야 할 사항(Potato Taste Defect: What Roasters Need to Know)" 기사에서 더 자세한 논의를 찾을 수 있다.

그림 2. 센서리 선호도

도움이 되는 표현	도움이 되지 않는 표현
밝은 구연산, 깨끗한 바디감, 달콤한 단맛. 예상 일치: 승인. *프로파일 선호도 확인, 명확한 결정*	루비 레드 자몽, 메이어 레몬(Meyer lemon), 미끄럽고 유연함, 터비나도 설탕, 84퍼센트 카카오. *특정 지역에서만 알 수 있는 특징을 포함하여 지나치게 구체적이고, 잘 번역되지 않을 수 있는 단어로 의인화함, 명확한 결정이 없음*
84점. 제공되는 가격과 싱글 오리진으로 사용하기에 비해 너무 단순하고 산미가 부족함. 거부/거절. *근거와 판단으로 정확한 센서리 선호도를 나타냄*	단순하고 거추장스럽다. 거부. *명확한 동기가 없는 부정확하고 조잡한 표현*

간소화된 피드백 형식을 위해 다음 단계를 시도하자.

1. 승인/거절

2. 샘플이 기대치를 충족하는가?

3. 결함이 있거나 일관성이 없는 경우:

    a. 결점 또는 결함 식별

    b. 맛본 컵의 수; 영향을 받은 컵 수

4. 센서리 노트

정확한 결함은 없지만 여전히 문제가 있는 컵 결함을 보이는 아슬아슬한 것들이 있을 수 있다. 명확한 의사소통은 의미 있는 피드백을 제공하는 데 도움이 되며, 추측을 피하는 것은 잠재적으로 큰 결과를 야기할 잘못된 권장사항을 만드는 대신 기존 해결책을 토대로 한 자유로운 대화에 도움을 줄 것이다.

나는 일반적으로 이미 협력적 성향의 관계이거나 그러한 선택에 대한 이해가 충분하지 않다면 로스터가 열매 성숙도 및 발효 기간과 같은 것에 대해 재배자에게 특정 농업 또는 가공 방식을 지시하는 피드백을 제공해서는 안 된다고 생각한다. 특히 구매자가 재배자에게 이런 유형의 특별한 요청을 하는 경우엔 이것이 초래할 수 있는 실패를 감수할 만한 적절한 금전적 보상을 제공할 준비가 되어 있어야 한다. 예를 들어 구매자가 현장의 경험과 지식을 바탕으로

그림 3. 센서리 결함

도움이 되는 표현	도움이 되지 않는 표현
일관성 없는 컵. 5개 중 1개는 곰팡이가 심함. 다른 컵 OK. 거부. *간결하고 결함 유형, 강도 및 빈도가 명확하게 기록됨	퀴퀴하고, 축축하고, 땀에 젖은 지하실 냄새, 이취. *부정확한 언어, 알려진 결함 또는 빈도에 대한 명확한 표시가 없음
발효의 끝에서 과육 맛이 감지됨. 일관된 컵이지만 우리에게는 우려스러움. *확인된 문제; 이성적으로 제시함	너무 익은 열매, 값싼 적포도주, 술 느낌이 강함. *향미 노트가 잘못 해석될 수 있으며 명확한 결함이 확인되지 않음
풀 맛이 나고 신맛이 찌르며 단맛이 부족. 향미 프로파일이 기대와 일치하지 않음. 거부. *추측을 배제하고 명확한 향미 노트와 설명이 기술됨	덜 익었거나 덜 발효됨. 너무 신선함. 숙성이 필요함. *향미 노트가 제공되지 않음, 증거 없이 지나치게 단정적임.

건전한 농경학적 조언을 제공할 수 없는 경우에는 시간을 내어 재배자가 제공하는 의견과 방법에 귀를 기울이는 것이 가장 좋다. 그들은 일반적으로 이 시나리오의 전문가다.

긍정적인 피드백도 잊지 말자! 공급업체에서 훌륭한 품질 또는 기대치를 충족하거나 넘어서는, 예산과 요구 사항에 맞는 커피를 보내면 피드백을 보내 주는 게 좋다. 이것은 관계를 유지하고 발전시키는 좋은 방법이다. 공통의 목표와 이해는 향후 상호 관계에서 일관성과 개선으로 이어질 것이다.

물리적 분석

생두의 물리적 분석은 그 가치와 품질을 이해하는 데 중요한 단계다. 대체로 객관적이라는 추가적인 이점이 있지만 물론 모든 분석 결과는 어느 정도 그 해석이 열려 있다. 우리는 챕터 5에서 생두의 물리적 분석의 의미, 이론 및 실제를 완전히 다룰 것이지만, 지금은 샘플 승인과 관련된 피드백에 대한 간략한 개요를 다루고자 한다.

물리적 분석의 주요 범주에는 육안 검사, 스크린 크기, 밀도 및 수분 함량/수분 활성도가 포함된다. 로스터로서 당신의 우선 순위는 가장 중요한 요구 조건으로써 공급 파트너에게 전달될 것이다.

물리적 분석 피드백

비즈니스에 대한 선호도를 전달할 때는 업계의 표준 정의와 혼동하지 않도록 해야 한다. 대부분의 국가에는 잘 정의된 사양이 있지만 해당 언어는 산지마다 다를 수 있다.

또한 샘플 상태(최종 가공 전에 샘플을 손수 준비했는지 여부)를 아는 것이 중요하다. 샘플 상태를 아는 것은 일부 오류를 수정할 수 있게 해주거나, 또는 배송 준비가 완료된 최종 수출 품질을 나타내는지 여부를 알 수 있게 한다.

요구 사항을 구체적으로 전달하고 공급 파트너와 사전에 논의하여 기대치를 전달하면, 선호 사항을 충족할 수 있는 훨씬 더 나은 위치에 있게 된다. 만약 샘플이 중요 사항을 충족하지 않았을 경우에도, 무엇이 잘못되었는지에 대한 건설적인 피드백을 제공할 준비가 더 잘 되어 있을 것이다.

많은 국가에는 허용되는 물리적 결함의 개수 또는 스크린 사이즈 지정을 정의하는 특정 용어가 있다. 예를 들어 브라질은 표준 등급 시스템을 사용하는 반면 에티오피아는 자체 내부 숫자를 지정한다. 과거 영국 식민지였던 국가 대부분은 영국 등급 시스템의 한 형태를 사용한다. 많은 경우 마이크로랏은 이러한 방식으로 정의되지 않으므로 여기서 원하는 바를 명확하게 전달하는 것이 중요하다. SCA/CQI 등급 시스템을 사용하는 것은 이러한 경우에 유용할 수 있고, 당신의 요구 사항을 전달하는 곳이 반드시 농부나 협동조합일 필요는 없으며, 보통 가공업자 또는 수출업자가 적합한 사람이라는 점을 기억하자.

등급을 책정하는 방법에 관계없이 다음의 사항을 명확하게 전달해야 한다:

● 얼마나 많은 백이 샘플링되었는지(예: 점검해야 하는 50백 중에 5백)
● 각 샘플의 무게(예: 350g)
● 결함의 유형, 심각도 및 빈도
● 사진 문서는 매우 유용하다

작업 및 의사소통 순서의 예

얼마 전 나는 재배자, 가공업자 및 수출업자 역할을 하는 공급업체로부터 한 컨테이너의 커피를 계약했다. 이러한 각 단계를 포함하는 운영의 범위 내에서 광범위한 품질 규정에 대한 대화는 프로세스의 다양한 단계에 대한 큰 통제력을 가지고 있기 때문에 상당히 쉬워진다.

나는 여러 샘플을 커핑한 후 아직 가공이 완료되지 않은 것을 확인한 다음 제공된 샘플을 승인했다. 계약에는 여러 마이크로랏과 한두 개의 더 큰 규모 랏들이 포함되었다. 문제의 마이크로랏에 대해 물리적 결함 수를 더욱 엄격하게 줄여 달라고 요청했고 관련 추가 작업에 요구되는 프리미엄을 지불하는 데 동의했다.

불행히도, 도착 당시 문제의 커피는 내가 요청한 대로 분류되지 않았으며, 더군다나 커피의 열악한 물리적 상태와 함께 관능적 문제들이 동반되었다. 우리의 QC팀은 사진 자료와 함께 완전하고 명료한 커핑 보고서를 작성함으로써 문제를 구체적으로 분석하고 문서화하기 시작했다.

문서화와 데이터 수집이 완료된 후 나는 우리가 수집한 정보와 분석, 해석 및 실제 데이터와 관련된 품질 클레임이 포함된 이메일을 작성했다. 우리가 지불한 상품의 가격과 그것의 상태를 고려할 때 우리는 이 커피를 판매할 수 없다는 내용이다.

> *공급업체 귀하:*
>
> *불행히도 최근에 받은 계약한 랏의 커피 품질이 좋지 않고 관능적으로나 물리적으로나 기대에 훨씬 못 미치는 수준에 도달하여 현재의 상품 원가로는 커피를 완전히 판매할 수 없다는 사실을 알려드리게 되어 유감입니다.*
>
> *우리가 샘플링한 거의 모든 백은 착륙 시 습도가 매우 높아 건조 및 배송 과정에서 안정성 문제가 있다고 보입니다. 랏의 대부분이 커피 포대와 같은 맛이 나면서 흐릿합니다.*
>
> *X 랏은 분류 및 준비 과정을 개선하기 위해 특별히 요청한 것이고 그에 대한 비용을 지불했음에도 불구하고 2차 결점두는 물론이고 1차 결점두도 많이 발견되었습니다. 저는 이 비싼 랏의 커피에 관한 SCA/CQI 결함 수와 점수 및 설명이 있는 스프레드시트, 그리고 사진을 첨부했습니다.*
>
> *향후 사업을 기대하면서 이 문제를 조정하고 향후 개선 사항을 고려할 수 있기를 바랍니다.*

이런 종류의 의사소통은 결코 쉽지도 않고 재미도 없으며 관계가 역동적으로 변할 수 있음에도 불구하고 가끔은 피할 수 없는 일이다. 예를 들어 이 경우 나는 이 공급업체와 상당한 신뢰를 쌓았고 승인을 위해 가공이 최종적으로 끝난 커피를 요청하지 않고 제안 샘플을 승인했다. 그러나 앞으로 최종 가공 시 추가 사전 선적 샘플을 요청하고 계약에 SAS 및 NANS 조건을 지정할 것이다.

사진 | 로열 커피 제공

궁극적으로 명확한 의사소통과 제공된 구체적인 데이터는 최악의 경우 중재가 필요할 수 있는 논쟁적인 문제를 만드는 대신 무역 관계의 방향을 수정할 수 있다.

샘플 승인 및 거부에 대한 견해

로스터와 수입업체는 종종 커피 품질에 대한 특정 요구 사항과 요청을 가진다. 이러한 요구 사항을 사전에 전달하는 것은 무역 관계를 공고히 하기 위해 필수적이다. 몇 가지 주요 알림을 통해 당신과 당신의 공급 파트너는 모두 성공을 거둘 수 있다.

좋은 의사소통의 첫 번째 단계는 인지다. 특정 거래 조건과 샘플 상태를 알고 있어야 하며, 당신의 요구 사항과 피드백을 누구에게 전달할 것인지 잘 이해하고 있어야 한다.

정밀하게 의사소통을 간소화하라. 당신의 요청과 피드백을 구체적이고 간결하게 작성하여 메모, 점수 및 측정치를 명확하게 표현하는 것이 가장 좋은 방법이다.

전문적인 관계는 일반적인 시민들이 사용하는 언어로도 잘 유지된다는 점을 명심하라. 결점, 실망 및 불편함은 매우 불만스러울 수 있지만 단번에 공급 파트너와 관계를 종료하는 것 또한 문제 해결에 도움이 되지 않는다. 대신 침착한 태도와 명확한 언어가 문제를 원만하게 해결하는 데 도움이 될 것이다.

중요한 것은 긍정적인 피드백도 좋은 관계의 필수 요소라는 점이다. 공급자에게 물리적, 관능적 품질에 만족한다는 것을 알리는 것은 대화를 계속하고 여러분의 선호도를 확인하는 좋은 방법이다. 또한 커피를 최종으로 받기까지 많은 노력을 기울인 모든 사람들에게도 매우 만족스러운 일이다.

배송 조건 및 공정한 가격

선적, 보험 및 위험 부담 주체에 대한 세부 사항은 구매자와 생산자에게 위협적일 수 있다. 특히 이 분야에 익숙한 사람들이 약어와 산업별 용어를 사용하는 경향이 있기 때문이다.

구매자가 파운드당 가격으로 커피를 구매할 때, 파운드당 비용에는 실제로 제품 이상의 많은 것들이 포함된다. 여기에는 노동, 비료, 수확 후 처리, 보관, 운송 및 보험의 일부 또는 전체 비용과 같은 금액이 포함된다. 이는 계약에 명시된 조건에 따라 크게 좌우될 수 있으며 거래마다 천차만별이다.

따라서 구매자와 판매자 모두 누가 어떤 운송, 어디서, 언제 책임을 지는지 명확히 해야 한다. 국제 상거래 조건(줄여서 "Incoterms")은 국제 상공 회의소(International Chamber of Commerce)에서 정의한 일련의 용어로[36], 이는 상품 거래 시장 전반에 걸쳐 광범위하게 사용된다.

국내 창고에서 구매하는 경우(일명 "현물" 구매), 로스터의 구매 조건 옵션은 일반적으로 Ex Warehouse/Ex Works(EXW) 또는 Free on Truck(FOT)이다. EXW는 추가 포장 및 적재 비용을 제외한 창고의 커피 가격을 나타낸다. FOT는 트럭에 실린 비용이다. 두 경우 모두 로스터는 화물 또는 국내 운송 비용을 부담한다.

그러나 국제 커피 구매자로서 수입업자와 로스터에게 사용되는 가장 일반적이고 중요한 국제 상거래 조건은 FOB(Free on Board)다. FOB 구매자, 로스터 또는 수입업자는 커피가 승선항에서 배에 실려지게 되는 순간 소유하게 된다. 이는 그들이 국제 배송 및 보험, 그리고 커피가 도착한 후 하역, 운송, 보관 및 취급과 관련한 모든 비용을 지불할 책임이 있다는 것을 의미한다.

이 점에서 FOB는 수출업체의 "스티커 가격"이라고 생각할 수 있다. 로스터가 FOB 파운드당 $3에 커피를 구입하는 경우 이 3달러에는 생두 자체 가격, 가공 및 분류 비용, 육로 운송 비용, 마케팅, 샘플링 및 무역 관련 서류를 포함한 수출 사무소의 업무와 관련된 수수료가 포함된다.

투명성에 관한 담론에 대해 너무 깊이 파고들지 않고, 농부의 생활 임금과 같은 요소를 결정하는 척도로써 FOB의 단점을 인정할 필요가 있다. 인텔리젠시아(Intelligentsia)의 제프 와츠(Geoff Watts)는 "약속 및 가격 투명성에 대한 생각(Thoughts on The Pledge & Price Transparency)"이라는 제목으로 로얄 커피 블로그에서 이에 대한 의견을 게시했다.

"FOB 가격은 생산자가 지불한 금액을 말할 수 없으며 그 수치가 적절한 생활을 제공하기에 충분한지 여부는 더욱 말할 수 없습니다. 그러나 어느 정도 확실하게 할 수 있는 한 가지가 있습니다. 그것은 농부가 가장 기본적인 생산 비용을 충당할 만큼 충분히 벌지 못하고 있다는 것을 거의 확실하게 말해 줄 수 있다는 것입니다. 따라서 $2.50, $3.00 또는 $5.00의 FOB 스티커는 커피의 존재에 가장 책임이 있는 사람들이 커피 판매로부터 의미 있는 이익을 얻고 있다는 확실한 보장은 없지만 1.50달러 미만의 가격은 실제로 그렇지 않다는 것을 사실

로얄 커피 창고
사진 | 로얄 커피 제공

상 보장합니다."

와츠가 여기서 설명하고 있는 것은 많은 커피 전문가들이 "농장 출하" 가격이라고 부르는 것, 즉 커피 판매에서 농부에게 돌아가는 금액과 FOB와의 차이다.

농장 출하 가격이 비용을 충당하고 농부 및/또는 농장 노동자의 경제적 생존을 보장하는지 여부는 몇 가지 부가적인 요소, 즉 커피가 거래된 달러 금액과 비교한 현지 통화의 강세, 생활비, 총 가계 소득에 대한 커피 의존도(예를 들어 농부가 기타 현금 또는 식량 작물, 가축 또는 기타 상품 및 서비스와 같은 출처에서 소득을 얻는 경우) 등에 달려 있다.

그러나 우리가 확실히 알고 있는 사실은 전 세계 1,250만 소규모 커피 농가 대부분이 생활 임금도 받지 못하고 있다는 것이다.*

우리는 이것을 여러 가지 방법으로 측정할 수 있으며, 가장 중요한 것은 글로벌 커피 벤치마크 가격이다. 전 세계적으로 판매되는 아라비카 커피의 "C" 가격이라고 하는 상품 선물 가격은 수요와 공급, 시장 투기와 같은 요인에 따라 달라진다. 예를 들어 커피에 대한 대륙 간 거래소(ICE, Intercontinental Exchange) 가격은 공급이 지연되거나 가뭄이나 서리가 브라질에 영향을 미칠 때 급등하고, 달러 강세 또는 공급 과잉의 영향으로 흔들린다.

이 "C" 마켓은 스페셜티 커피를 포함한 거의 모든 커피가 거래되는 방식에 영향을 미친다. 스페셜티 생두는 ICE가 평가하는 일반 상품보다 본질적으로 더 높은 가치를 가지고 있지만, 시장 변동성이 없는 "완전한" 또는 "고정된" 커피 가격을 책정하는 대화에서도 ICE 가격과 관습적인 "마진"을 거래 기준으로 자주 언급할 것이다.

"C" 시장은 또한 수요와 공급의 경제에만 관심이 있는 무관심한 제3자를 자처하면서 생산자와 로스터 사이에 쐐기를 박는다. 그 결과 세계적으로 인정된 가격 책정 매트릭스가 만들어지며, 여기에는 생산 비용이 고려되지 않아, 농부의 생활 임금은 물론이고 이미 들어간 생산 비용을 상쇄시키거나 이를 초과하는데 종종 실패한다.

지속 가능한 수급 관행

이것은 우리에게 윤리적 수급 관행의 중요성에 대한 간략하지만 필요한 담론으로 이어진다. 기후 변화와 노동자 착취 등을 포함하여 커피에 대한 광범위한 위협에 대해 소비자와 로스터의 인식이 높아짐에 따라 지속 가능한 구매 관행의 이슈가 그 어느 때보다 중요해졌다.

---

* 자주 인용되는 커피 농장 수는 2,500만 개다. 그러나 이 추정치는 글로벌 지속 가능성 플랫폼인 엔베리타스(Enveritas)의 자체 분석 결과다.

그러나 복잡한 주제들로 인해 고객에게 정보를 제공하는 데 있어 잦은 혼란을 야기하고, 위장환경주의(greenwashing)나 지나치게 단순한 접근 방식으로 이어지는 경우가 많다. 복잡한 개념과 얽히고설킨 공급망을 소화 가능하고 정확하며 유익하고 실행 가능한 콘텐츠로 만드는 것은 정말 어렵다. 이를 단순화하기 위해 인증은 정보 포털과 특정 메시지를 전달하는 인식 가능한 라벨(label) 역할을 하게 되었다. 불행히도 인증 기관과 제3자 검증 대리인에게는 유의미한 정보나 가치를 추가하지 않고도 생산자(및 소비자)에게 높은 비용이 들게끔 악용하거나 불투명하고 비효율적인 일처리로 진행될 가능성이 높다.

자본주의 하의 "윤리적 소비"의 이점 및/또는 결여에 관한 전부를 다루는 책은 분명히 여기서 내가 할 수 있는 것보다 훨씬 더 포괄적이고 더 큰 목소리로 더 깊이 있는 이슈들을 다룰 것이다. 사회적 문제를 해결하기 위해 상거래를 사용하는 것의 단점들과 체계적인 변화를 시행하기 위한 개인의 책임이 부족하다는 점을 인정하면서도, 나는 또한 노골적으로 착취하거나 의도치 않게 불투명한 커피보다 책임감 있게 공급되고 생산된 커피를 선택하는 것이 여전히 진정한 가치가 있다고 확신한다.

윤리적인 생두 수급 관행을 추구하는 커피 로스터는 자금 조달의 투명성과 공급망의 추적 가능성을 살펴보는 것부터 시작해야 한다. 관련된 농부나 협동조합의 이름과 얼굴을 아는 것이 중요한 첫 단계다. 농장출하 가격 또는 FOB 가격을 인지하는 것에서 지속 가능한 경제 관행을 보여주는 것을 시작할 수 있다.

현재 경제적 지속 가능성에 대해 전 세계적으로 인정되는 유일한 인증서는 공정 거래(FT, Fair Trade)로 알려진 소작농 협동조합 및 협회에 존재한다. 이 인증서는 협동조합에 지불되는 최소 가격을 보장하며, 대부분의 소농의 경우 손익분기점에 가깝거나 약간 낮다. 공정무역 인증은 좋은 시작이지만 두 가지 비판이 자주 발생한다. 첫 번째는 품질에 대한 규정이 없기 때문에 로스터에 부여되는 유일한 부가 가치는 승인된 가격뿐이라는 것이다. 이 가격은 어떤 사람들에게는 괜찮지만, 센서리 기준을 토대로 상품 가격과 인증 수수료를 만회하려는 사람들에게는 충분하지 않다. 다른 하나는 생산자들에게 충분한 수요가 없다는 것이다. 2016년에 가디언(Guardian)은 "최저 가격으로 판매할 수 있는 제품은 34%에 불과했다. 나머지는 가져가는 사람이 없었다. 농부들은 잉여분을 시장이 결정한 더 낮은 가격으로 표준 '불공정한' 시장에 내놓아야 했다."고 전했다.[37]

또한 경제적 지속 가능성과 사회적 지속 가능성은 교육이나 농기구의 경제성과 같은 일부 영역에서 중복될 수 있지만 단순히 그들에게 현금을 던지는 것으로 해결되지 않는 많은 사회적 우려가 있다.

오클랜드 항구
사진 | 크리스 콘먼

노예화, 아동 노동, 전통적으로 소외된 집단에 대한 불평등, 교육 및 직업 훈련에 대한 접근성 부족, 농부 감소와 이민(특히 지역 분쟁에 직면한)에 대한 긴급한 인도주의적 우려가 커피를 재배하는 지역에 만연해 있으며 우리의 즉각적인 관심이 필요한 주제들이다. 이 모든 문제에 대해 어느 하나도 쉬운 답이 없지만 자신과 공급업체에게 질문을 던져보면 당신이 찾는 커피가 착취 관행에서 자유로운지 여부를 명확히 하는 데 도움이 될 수 있다.

기후 변화의 영향을 넘어 커피에 대한 환경 문제에는 일반적으로 물, 토양 및 자생림에 대한 자원 보호, 화학 비료 및 살충제의 영향, 커피 재배 및 가공 부산물을 포함한 폐기물 관리가 포함된다. 전 세계의 혁신적인 생산자들은 지역 차원에서 이러한 문제를 자주 해결한다. 이러한 유형의 문제는 유기농(Organic), 열대우림보호동맹(Rainforest Alliance), 생체역학농업(Biodynamic) 및 스미스소니언 철새 협의회(SMBC, Smithsonian Migratory Bird Council)를 포함한 인증에서 가장 자주 다뤄지며, 각 인증들은 서로 다른 곳에서, 때로는 함께 이 문제들을 고민하고 있다.

유기농

유기농 커피는 전 세계적으로 수요가 높으며 관련 인증서는 널리 인정받고 있다. 그러나 작은 움직임으로 시작해서 산업 규모의 기업으로 성장했기 때문에 모든 환경 문제를 완벽하게 해결하지 못할 수 있다. 그럼에도 불구하고 유기농 커피를 재배하고 구매하는 것은 기존 커피에 비해 환경에 긍정적인 영향을 미칠 수 있다. 미국에서의 유기농 제품은 NOP(National Organic Program)의 인증을 받는다. 유기농 인증 커피는 거의 항상 생산자를 위한 가격 프리미엄과 연관되어 있지만, 공정 무역 인증에 따라 공식적으로 확립된 재정적 틀 안에서 움직인다.

열대우림동맹(RFA) / UTZ

2018년에 합병된 이 두 조직은 다양한 기준과 개선 전략을 통해 생태학적 지속 가능성과 착취 없는 커피를 촉진하는 것을 목표로 하며, 그 중 일부는 농부들이 자율적으로 선택한다. RFA 또는 UTZ 인증서의 필수 요소에는 수질 및 토양 건강, 인권 요구 사항 및 기본 생태계 보호가 포함된다. 현재 이 인증과 관련된 생산자에 대한 표준 프리미엄은 없지만, 공급된 인증 물량에 따라 인증 수수료가 징수되어 농부들에게 재분배된다.

생체역학농업 / 데메테르 인증

생체역학농업(Biodynamic)은 유기농 생산을 넘어 여러 단계를 거치며(많은 생체역학농업 생산자도 유기농 인증을 보유하고 있음), 농장 생태를 총체적이고 폐쇄적인 시스템의 구성 요소로 다루어 자생적인 생태계를 효과적으로 만든다. 데메테르(Demeter)는 이 인증을 발행하는 기관이다.

버드 프렌들리 커피 / "그늘 재배" / 스미스소니언 철새 협의회(SMBC)

SMBC에서 발급한 버드 프렌들리 커피(Bird Friendly Coffee) 인증서는 유기농 인증 농장이 철새의 환경 보호를 위해 생물다양성 또한 증진하고 있음을 보증한다. 그들의 인증서에는 다양한 종의 식물, 곤충 및 새에 대한 기준을 포함하고 있으며 "그늘 재배(Shade Grown)" 커피 중에 널리 인정되는 유일한 인증서다. 이 인증에 대해 생산자에게 설정된 프리미엄은 없다. 커피 나무를 위한 농장의 그늘은 에티오피아의 커피가 지붕 모양으로 우거진 나무 아래 자랐던 토착 환경 특징을 모방한 것이다. 그늘진 조건은 커피 나무를 강렬한 태양, 서리로부터 보호할 수 있는 이점이 있으며, 종종 수확량 감소를 감수하면서 더 높은 품질의 커피를 생산한다.

이러한 인증에는 인증의 내용과 기관에 따라 사정은 다르지만 회원비를 요구하며, 인증에 따라 커피를 재배해야 하지만 판매는 기존 방식대로 해야 하는 "과도기" 기간, 인증 기관과의 지속적인 관계를 유지하기 위한 정기 검사가 필요하다. 대부분의 경우 로스터는 마케팅에 인

사진 | 에반 길먼,
로열 커피 제공

증 기관의 로고와 언어를 사용할 수 있도록 수수료를 지불하고, 이를 위해 인증 기관이 요구하는 대로 생두 보관 및 사용 표준을 유지해야 한다. 결과적으로 특정 상황에서 생산자는 농장의 적격 관행에도 불구하고 인증을 포기할 수 있다. 때로는 인증 비용이 극복할 수 없는 장벽이 되어 인증 자체를 지속 불가능하게 만들 수 있다.

궁극적으로 인증은 생산자가 로스터와 소비자에게 지속 가능한 방식의 커뮤니케이션을 강화하는 데 사용할 수 있는 도구다. 인증은 복잡한 시스템을 식별하기 쉬운 라벨로 요약하고 무관심한 제3자가 관심을 갖도록 유도한다. 소비자 시장에서 쉽게 사용하여 고객의 브랜드 또는 라벨 인지도를 기반으로 지속 가능한 생산에 대한 수요를 유도할 수도 있다.

그러나 진정한 지속 가능성은 공급망에 있는 대부분의 에이전트가 더 많은 비용을 지불해야 함을 의미한다. 사회와 환경 문제는 적절한 자원을 통해서만 실제로 바뀔 수 있다. 마찬가지로 농부(및 공급망의 다른 행위자)의 생활 임금을 보장하려면 기준이 되는 "C" 가격이 제공할 수 있는 것보다 더 많은 돈이 필요하다. 커피 한 잔당 $1.50 또는 생두 파운드 FOB 가격당 $1.50은 지속 가능하지 않다.

개별 수치나 인증서가 커피의 지속 가능성에 대한 모든 것을 말해주지는 않지만, 모든 논의를 종합하면 전체 공급망에서 당사자들이 지불하는 비용은 커피 생산자가 생존을 넘어서 더 많은 일을 할 수 있도록 하고 그럼으로써 더욱 적합한 생태계를 만드는 것에 대한 명확한 그림을 제공할 수 있을 것이다.

CHAPTER 4

ROASTING GREEN COFFEE: *the* BASICS

생두 로스팅 : 기본

이 챕터에서는 로스팅 과정에 대한 대략적인 이해를 돕기 위해 로스팅에 대한 기본 지식을 제공한다. 여기에 제시된 개념들은 이어지는 다음 챕터에 대한 정보를 제시하고 생두 지표를 해석하기 위한 기초를 제공한다.

로스팅 시스템

커피 로스팅은 우리가 잠재되어 있는 생두의 향미를 실제적으로 느낄 수 있도록 표현해내는 주요 방법이다. 생두 자체로 내추럴 커피와 워시드 커피를 추출하면 맛의 차이를 거의 느끼지 못할 수도 있지만 로스팅, 분쇄, 브루잉을 거친 후에는 산지와 가공 방법에 영향을 받은 새로운 향미와 로스팅 과정에서 발현된 향미를 함께 지니게 된다.

이 과정은 가스 또는 전기 로스팅 기계에 열 에너지를 적용하여 구동한다. 대부분의 전문 로스팅 머신은 팬이나 송풍기를 사용하여 로스팅 환경이나 챔버로 가열된 공기를 불어넣지만 그 과정은 기계마다 다를 수 있다. "유동층(fluid bed)" 또는 "에어 로스터"가 아닌 대부분의 전문 로스터 유형에서 이 챔버는 수평으로 놓인 회전 실린더 또는 "드럼"을 통해 생두를 교반시킨다.

로스트 프로파일 및 단계

일반적인 드럼 로스팅에서 챔버는 상대적으로 높은 공회전 온도(섭씨 177도 이상, 232도 이하)로 가열되며 생두는 드럼에 "투입"되기 전에 홀딩 챔버 또는 "호퍼"에 채워진다. 생두를 투입하면 시스템 온도는 종종 "터닝 포인트(turning point)"라고 하는 지점까지 빠르게 떨어졌다가 회복한다. 초반에 온도가 떨어진 이후에는 시스템과 생두의 온도는 로스팅이 완료되고 커피가 배출되거나 냉각 트레이에 떨어질 때까지 점차 일정하게 상승한다. 일반적으로 팬과 회전하는 교반 장치가 있는 냉각 트레이에서 균일하게 냉각된다. 이러한 방식으로 일반적인 로스팅의 시간 경과에 따른 온도를 그래프로 나타내면 종종 "로스트 곡선"이라고 하는 긴 체크 표시(✓)가 그려진다.

로스트 곡선과 함께 로스팅의 기술적 측면을 설명하기 위해 축적된 데이터를 "로스트 프로파일"이라고 하며, 이는 향후 로스팅을 위한 레시피로 사용될 수 있다. 이 데이터에는 생

브라질의 샘플 커피
로스터
사진 | 코니 블룸하트

로스팅 커피
이미지 | © Adobe Stock.

두의 색 변화에 따른 다양한 온도 및 시간이 표시되고, 생두에 갇혀있던 수분과 가스가 방출될 때 일어나는 "1차 크랙" 및 "2차 크랙"과 같은 로스터의 청각 신호가 포함되며, 이는 로스팅 정도(roast degree) 또는 색의 지표로도 사용된다. 또한 별도로 기록된 시간 경과에 따른 온도 변화 데이터 세트는 로스팅의 "델타(delta)", "변화율(rate of change)" 또는 "상승율(rate of rise)"중 어느 것이든 상호 교환 가능하게 언급될 수 있다. 보통 로스팅 후 기록된 데이터에는 최종 중량(로스팅 중에 증기 또는 기타 연소 배출물로 질량이 손실됨) 및 콩의 색상이 포함될 수 있다.

현대의 스페셜티 커피 로스팅에서 로스팅 과정은 보통 건조, 마이야르 반응, 1차 크랙 후 발현이라는 세 가지 주요 단계로 나눈다.

건조 단계

캔디스 매디슨(Candice Madison)이 설명한 대로 건조 단계는 본질적으로 로스터의 열 에너지가 생두가 가진 수분 대부분을 제거하는 단계로, "주요 이벤트의 서곡"이라 할 수 있다.[38]

건조 단계가 그리 중요하게 보이지 않을 수도 있지만 이 단계에서 로스터 온도의 세부 사항을 정하는 것은 결국 로스팅 전체의 성공과 실패를 좌우할 수 있다. 결정적으로 로스팅 시작 시 온도가 너무 높거나 너무 낮은 경우, "터닝 포인트"와 "열 공급" 사이의 기간이 너무 길거나 짧은 경우, 이후 가속이 너무 빠르거나 너무 느린 경우가 발생한다면 최종 단계를 아무리 잘 다루어도 로스팅은 좋은 결과를 낼 수가 없다.

로스팅 시 생두의 색상 변화가 관찰되기 시작한다면 건조 단계가 완료된 것으로 볼 수 있다. 이 때 커피 콩의 온도는 열전대에서 측정했을 때 섭씨 약 149도~165.5도에서 독특한 노란색 색깔을 띠기 시작한다. 이 온도는 마이야르 반응이 시작되는 상한선이기도 하다(이는 종종 육안으로 관찰되기 전에 시작된다).

마이야르 반응(MAILLARD REACTION)

식품 과학에서 마이야르 반응의 중요성은 아무리 강조해도 지나치지 않다. 이 견해는 노벨상을 수상한 화학자 장 마리 렌(Jean-Marie Lehn)의 인용문에 잘 요약되어 있다: "마이야르는 지금까지 세계에서 가장 널리 사용되는 화학 반응이다."[39]

마이야르 반응은 사실 열에 의해 촉매화되는 당과 단백질 또는 아미노산 사이에서 많이 일어나는 일련의 반응으로, 수많은 분자 분해 및 재조립이 수반된다. 궁극적으로 마이야르 반응이 로스팅된 커피에 기여하는 것은 당의 유형, 인지된 산도의 양 및 점도의 구조를 통한 향미의 복합성이다. 마이야르 반응은 커피의 본질적인 관능적 특성의 발달과 관련이 있다.

따라서 프로파일의 열 적용 또는 마이야르 반응 동안 소요된 시간의 사소한 변화는 커피의 미묘한 향미에 극적인 영향을 미칠 수 있을 뿐만 아니라 인지되는 단맛, 산미 및 바디감과 같은 주요 관능적 측면에도 극적인 영향을 줄 수 있다.*

1차 크랙 후 발현

마이야르 반응은 로스팅이 끝날 때까지 계속되지만 로스터들은 일반적으로 빈(bean) 온도 열전대의 섭씨 약 196도에서 커피가 규칙적으로 팝 소리가 날 때를 로스팅의 세 번째 단계로 여긴다. 이것이 "1차 크랙"이며 이 지점까지 커피 콩은 갈색으로 변화하면서 크기가 팽창

---

* 커피의 pH가 로스팅 또는 브루잉 스타일에 의해서만 미미한 영향을 받는다는 것이 잘 정립되었기 때문에 예를 들어 경험이 없는 시음가도 시큼한 커피와 부드러운 커피를 구별할 수 있다는 사실에도 불구하고, 나는 "인지"라는 표현을 쓰게 되었다.

하여 작은 수증기 폭발이 일어난다. 실버 스킨은 채프로 날아가고(워시드 커피는 더 옅은 색상, 내추럴 커피는 더 어두운 색상) 커피는 발열 반응을 일으키며 열 흡수 속도가 일시적으로 느려진다. 그러나 열 흡수 능력은 빠르게 회복되는데, 어쩌면 커피가 상당한 질량을 상실함에 따라 레일 밖으로 날아가는 것 같이 통제 불능 상태로 너무 빠르게 열 흡수가 가속될 수도 있고, 이것을 통제하려다 로스팅 시간을 지연시켜 "베이크드(baked)" 향미, 즉 최종 컵의 특성을 약하고 둔하게 할 수도 있다. 능숙한 로스터라면 이 사이에 희미하게 있는 중간 지대를 잘 찾아야 한다.

다이렉트 트레이드 혁명의 선구자들과 현대 새로운 커피로 사랑을 받는 사람들을 포함한 최근 흐름을 따르는 일부 로스터들은 라이트 로스팅(light roast)하여 열분해(고온에서 화합물 분해)의 영향을 최소화하기 위해 첫 번째 크랙 후 1~2분 안에 로스팅을 끝낸다(이 타임라인은 짧게 들리지만 실제로는 향미 면에서 상당한 차이를 만든다.). 그러나 로스터는 이산화탄소가 콩에서 배출되는 섭씨 약 221.1도에서 시작하는 2차 크랙으로 계속 진행할 수 있으며 일반적으로 이 시기엔 갈변 반응이 완료되고 탄화가 진정으로 시작된 것으로 간주할 수 있다. 이 시점에서 오일은 표면으로 올라오고, 커피는 구운 숯과 같이 독특하게 변하는데, 이는 다크 로스팅의 시작 단계라고 할 수 있다.

로스터 냉각 팬
사진 | 코니 블룸하트

다크 로스팅은 생두 고유의 특성을 대부분 가리기 시작하며, 로스팅을 진행할수록 다양한 커피 산지와 관계없이 비슷한 맛을 내기 시작한다. 따라서 이 책에서 앞으로 다루게 될 로스팅 특성에 대한 언급은 생두 자체의 미묘한 특성을 보존할 수 있는 상태인 2차 크랙 이전에 끝나는 로스팅에 초점을 맞춘다.

로스팅 스타일

로스팅 방식의 선택은 뜨거운 논쟁의 대상이며, 적절한 방법에 대한 광범위한 의견을 가진 전문 로스터와 작가 모두 독자적인 방법을 사용한다. 이 책은 로스팅 매뉴얼이 아니므로 이 주제에 대한 나의 견해는 대부분 생두의 고유한 지표와 로스팅 스타일에 미치는 영향과 관련된 내용으로만 제한할 것이다.

나는 수년 동안 전문적으로 대량 로스팅을 해왔고, 아울러 소규모 로스터들과 실험 및 품질 분석을 위한 샘플 로스팅으로도 계속해서 로스팅을 했지만, 나의 의견은 상당 부분 전통적인 가스형 드럼 로스터 방식에 국한되어 형성되었다. 따라서 (솔직히 이것은 우리가 말하는 로

위
사진 | 후안 호세 산체스
마시아스(Juan José
Sánchez Macías)

다음 페이지
사진 | 후안 호세 산체스
마시아스(Juan José
Sánchez Macías)

스팅의 뉘앙스와 관계없는 진실인데) 화학 반응의 어려운 과학을 넘어 로스터는 자신이 이용할 수 있는 지식, 선호하는 향미 프로파일, 자신이 사용하는 장비의 특이성, 고객의 구매 습관에 기반하여 로스팅 스타일을 선택을 할 수 있다.

말하자면, 최고의 로스터들은 최고의 정보를 바탕으로 최고의 로스팅 방식을 선택한다는 것이다. 그 정보는 원재료인 생두와 떼려야 뗄 수 없는 관계이며, 따라서 더 나은 로스터가 된다는 것은 생두에 대한 더 나은 지식을 얻는 것을 의미한다. 이것이 이 책의 사명이자 이 짧은 챕터의 동기다. 다음 페이지에서는 로스터가 생두에 대해 알아야 할 사항들을 자세히 조사해 볼 것이다.

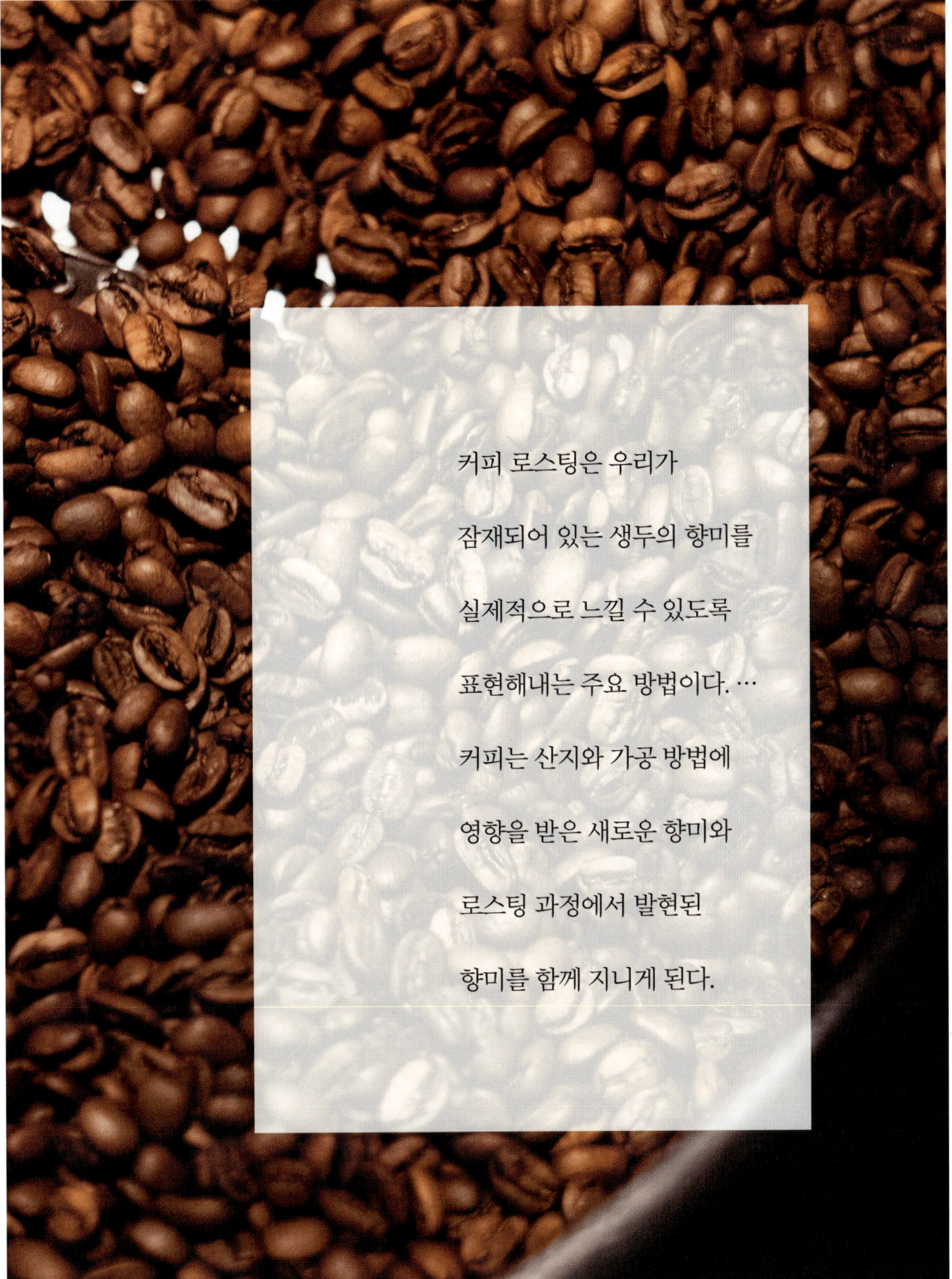

커피 로스팅은 우리가

잠재되어 있는 생두의 향미를

실제적으로 느낄 수 있도록

표현해내는 주요 방법이다. …

커피는 산지와 가공 방법에

영향을 받은 새로운 향미와

로스팅 과정에서 발현된

향미를 함께 지니게 된다.

CHAPTER 5

the
PHYSICAL ANALYSIS
of GREEN COFFEE

생두의 물리적 분석

생두의 물리적 분석은 크기, 밀도, 수분 함량, 결함 개수의 네 가지 기본 범주로 나눌 수 있다. 이러한 각 측정항목은 커피의 관능적 품질과 거래 가치에 영향을 미칠 수 있다. 모든 로스터, 커피 구매자, 수입업자, 수출업자, 가공업자 및 농부가 이러한 중요 측정값과 이런 측정값들을 얻는 방법, 각 항목의 원인과 결과가 무엇인지, 어느 정도 개선될 수 있는지에 대해 대략적으로라도 이해하는 것은 그럴 만한 가치가 있는 일이다.

이 책의 핵심인 이 장에서는 생두의 물리적 분석을 이해하기 위해 광범위한 개념을 소개하고 오해의 소지가 있는 구석을 깊이 파고들어 복잡한 논의를 명확히 할 것이다.

1부: 스크린 크기

스크린 크기 분리는 포장 및 수출 전에 건식 가공소에서 발생하는 많은 생두 준비 공정 중 하나다. 그것은 거래, 라벨링, 로스팅과 컵 품질에서 역사적 중요성과 함께 지금도 깊은 관련성을 가지고 있다.

선별 기계 검사

작업을 수행하는 기계는 다층으로 된 큰 천공 테이블 또는 스크린으로 구성되며, 약간의 하향 경사로 만들어진 각 층은 다른 층 위에 위치한다. 크기별 등급마다 상응하는 다른 직경을 가지고 있으므로, 각 층의 표면에는 각 등급과 알맞은 크기의 동그란 구멍이 뚫려 있다. 테이블에 쌓인 생두들은 당연히 구멍보다 작은 크기는 아래로 떨어지고 큰 크기만 해당 스크린에 남게 된다.

이 스크린 분류기는 일반적으로 위에서 커피를 공급하고 기계는 중력과 교반을 사용하여 커피를 분리하기 위해 진동한다. 작업자는 새어 나가는 커피를 받아내기 위해 기계 바닥에 백을 대고 있을 것이다. 장치를 여러 번 통과하면 크기 분류의 정밀도가 높아지며, 시중의 많은 기계들은 수동으로 조정이 가능하다.

잠비아 마자부카(Mazabuka)에 있는 루블링크호프(Lublinkhof) 가문의 저택에 처음 발을 디뎠을 때, 나는 그들이 우리에게 판매한 스크린 사이즈의 몇 가지 주요 불일치를 설명하는 서류철을 가지고 다녔다. 무부유(Mubuyu) 농장은 복잡한 역사가 있다: 1970년대 네덜란드 이민자 가족이 설립한 이 농장은 1990년대 후반 불운과 부실한 계획으로 인해 몇 년 동안

커피 콩 분석
사진 | 에반 길먼,
로열 커피 제공

은행 소유가 되었다. 재산을 되찾았을 때는 그들의 커피숲은 너무 웃자라 있었고 가공장비들은 방치되어 있었다. 작물에 재투자하려는 노력은 거의 없었고, 대신에 같은 땅에서 교대로 수확할 수 있는 보다 수익성 있는 대규모 콩과 겨울 밀 생산에 집중했다. 초대형 워싱 스테이션과 밀 공장에 통합되어버린 커피 건조 공장을 포함하여 커피 농장에 대한 막대한 초기 투자를 들였음에도 불구하고 2000년대 들어 커피의 인기가 시들해지자 커피 생산에 불과 몇 헥타르만을 할당했다.

한편 나는 인텔리젠시아의 사장인 제임스 맥러플린(James McLaughlin)과 동행한 적이 있었는데, 그는 브라질에 있는 아내의 작은 사유지에서 몇 년 동안 커피 농사를 짓고 있었다. 시설을 둘러보는 동안 스크린 분류기가 우리 문제의 주요 원인이라는 것을 빠르게 알아차릴 수 있었다. 어느 시점 기계가 분해되었다가(아마도 수확기 사이 그것을 청소하기 위해) 실수로 테이블이 고장난 상태로 재조립되어 있었다. 우리는 오후의 대부분을 기계의 각 스크린을 분해하는 데 시간을 보냈고 이 작업에 우리 중 최소 4명이 스크린을 들어 올려야 했다. 단순한 실수 하나가 오후의 고된 노동을 불러 일으켰지만 작업을 완료한 후 우리는 앞으로의 수확물이 크기에 맞게 올바르게 분류되어 공급될 것임을 확신했다.

잠비아의 기계와 마찬가지로 이 분류기들은 일반적으로 특별히 예쁜 장치가 아니다. 시끄러운 소리를 내며 약간의 먼지를 일으키는 거대한 금속 덩어리다. 그러나 브라질을 방문했을 때 이스피리투 산투(Espírito Santo) 지역의 멋진 페드라 아줄(Pedra Azul)에 위치한 카모심(Camocim) 농장의 엔리케 슬로퍼(Henrique Sloper)는 공들여 복원한 빈티지 분류기를 나에게 보여 주었다. 반대쪽 페이지의 사진은 파이프 오르간과 같은 그 분류기의 아름다움을 살짝 드러낸다.

분류 도구와 관행

실험실에서 스크린 크기를 측정할 때는 전통적으로 체 모양의 스크린 트레이(산업용 분류기의 미니어처 버전)에 있는 원형 구멍을 통해 커피를 통과시켜 측정한다. 이 구멍은 일반적으로 직경이 1/64인치씩 증가하므로 커피 측정 스크린 크기 16은 커피의 가로가 16/64인치 또는 1/4인치임을 의미한다. 이 크기는 일반적으로 전 세계적으로 허용되지만 일부 국가에서는 스크린 크기에 따라 그들의 커피를 브랜드화 하거나 특정 관심사에 맞게 이 크기들의 이름을 바꾸기도 한다.

기준이 되는 방식에서는 생두 350g을 사용한다. 맨 위 스크린은 20이고 맨 아래 스크린은

브라질 이스피리투 산투 지역의 카모심 농장에서 보유한 복원된 독일 골동품 스크린 분류기
사진 | 크리스 콘먼

보통 13 또는 14이며 가장 작은 크기의 콩을 받기 위해 맨 아래에 빈 트레이를 두고, 사용자는 약 30초 동안 쌓인 스크린을 교반한다. 아래에 매트나 수건을 깔고 작업하면 작업 영역 표면의 긁힘을 방지할 수 있다.

교반이 완료되면 상단 스크린부터 시작하여 스크린을 간단히 뒤집어 커피를 담을 수 있는 큰 용기에 담은 후 무게를 잰다. 각 스크린의 무게를 측정한 후에는 총 시작 무게로 나누어 백분율을 구한다. 자주 분류하는 경우 간단한 스프레드시트 수식을 사용하면 이 방법을 간소화할 수 있다.

등급마다 이름 정하기

고유한 크기의 이름을 정하는 예는 다음과 같다:

영국 등급 시스템
● 이전에 영국이 점령한 동아프리카(케냐, 탄자니아, 잠비아 등), 인도 및 파푸아뉴기니(약간 수정된 버전 사용)에서 사용
● E, A, B, C, PB 및 T를 포함한 문자 등급은 크기 및 유형을 나타낸다.

콜롬비아
● 수프리모(Supremo, 큰 사이즈) 및 엑셀소(Excelso, 중간 크기)로 구분되는 유명 브랜드 커피
● UGQ(usual good quality, 평균 품질)는 결점두와 작은 생두를 포함한다.
● 2015년 이후로 판매가 허용된 최근의 "분류되지 않은(unclassified)" 커피(예: 마이크로랏 및 대체 가공 방식 포함)에는 스크린 크기 제한이 거의 또는 전혀 없다.

중앙 아메리카
● 다음으로 표시되는 크기 및 결점두 수:
　● European Prep(EP) - 중간 및 큰 크기의 생두, 낮은 결점두 수
　● American Prep(AP) - 더 작은 크기와 더 많은 결점두 허용
● 종종 가장 높은 고도에서 재배되었다는 것을 나타내는 SHB(strictly hard bean) 또는 SHG(strictly high grown)와 같은 약어가 동반되기도 한다.

스크린 크기(숫자)

● 브라질은 일반적으로 스크린 크기 측정을 나타내는 17/18 또는 14/15/16으로 커피에 라벨을 붙인다.

　● 브라질 커피에도 컵 품질 등급이 있으며, 스페셜티 커피는 "SS(Strictly Soft)" 또는 "S(Soft)"로 라벨이 지정되어 큰 결함이 있는 컵이 없음을 나타낸다. Strictly Soft(컵 품질)와 Strictly Hard Bean(고도)을 혼동하지 말자.

● 많은 지역에서 간단하게 "15+"를 사용하여 중간 및 큰 크기의 생두를 표시할 수 있으며, 이는 본질적으로 "EP"와 동일하다.

　이러한 각 명칭에는 크기를 벗어나는 커피에 대한 한계가 지정되어 있다. EP 커피는 스크린 크기 15보다 최대 5% 작을 수 있는 반면, AP는 더 느슨하게 크기 13 이상 100%로 지정되며 허용 가능한 결점두 수가 더 많다. 최근까지 콜롬비아의 FNC는 크기 14를 통과하는 엑셀소(Excelso) 스크린 크기에 대해 매우 엄격한 1.5% 허용 오차를 자체 부과했다가 2016년 이후에는 크기 13 및 14까지는 최대 5%까지 허용하도록 수정되었다.[40]

콜롬비아에서 손으로
커피를 분류하는 여성
사진 | 코니 블룸하트

이러한 특정 정의에 대해 이야기하는 것은 다소 복잡할 수 있으므로 명확하게 하기 위해 간단한 표를 수록한다(하단 그림 4 참조).

그것이 정말 중요한가?

물론 이 모든 정보는 중요한 질문을 던진다. 당연히 대답은 단순한 "예" 또는 "아니오" 보다 더 복잡하다. 스크린 크기의 중요성은 여러 요인에 따라 달라진다; 로스팅에 영향을 미칠 수 있는 수많은 방법뿐만 아니라 일부 전통적인 무역 거래 조건에도 영향을 미친다. 따라서 짧게 대답한다면 "예"다. 그러나 모든 규칙과 마찬가지로 예외가 있다.

전 세계적으로 커피 씨앗의 크기는 판매 가격과 직접적인 관련이 있다; 크기가 중요한 요소가 될 수 있는 많은 시장이 있다. 우리가 이미 알듯이 케냐 AA는 일반적으로 AB보다 더 높은

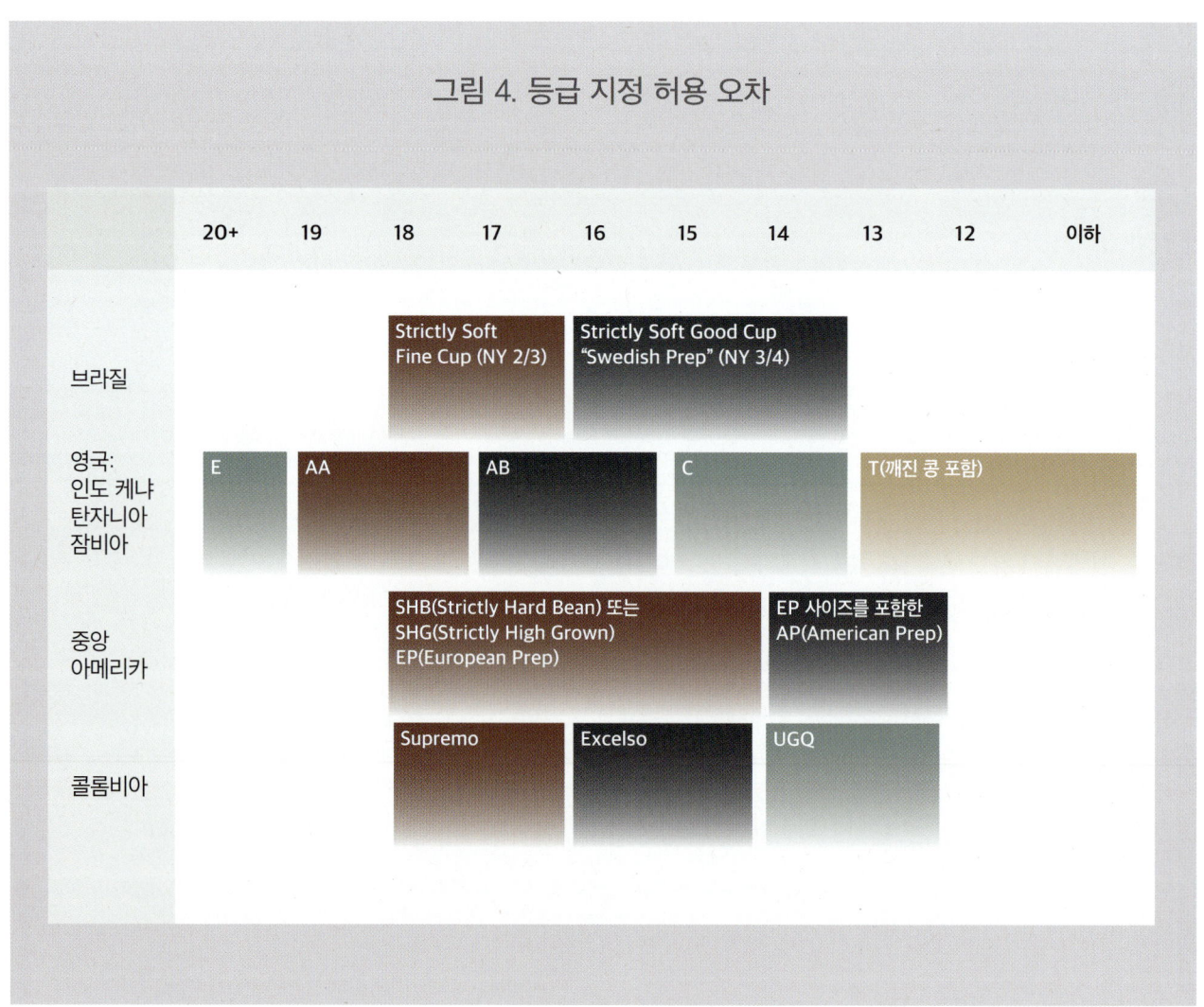

그림 4. 등급 지정 허용 오차

	20+	19	18	17	16	15	14	13	12	이하
브라질			Strictly Soft Fine Cup (NY 2/3)		Strictly Soft Good Cup "Swedish Prep" (NY 3/4)					
영국: 인도 케냐 탄자니아 잠비아	E	AA	AB		C			T(깨진 콩 포함)		
중앙 아메리카			SHB(Strictly Hard Bean) 또는 SHG(Strictly High Grown) EP(European Prep)		EP 사이즈를 포함한 AP(American Prep)					
콜롬비아			Supremo	Excelso	UGQ					

가치로 거래된다는 것을 좋은 예로 알 수 있다.

일반적으로 이것은 더 큰 콩이 더 높은 품질로 여겨졌던 역사적 관점과 관련이 있어 보인다. 어떤 경우에는 이것이 반드시 잘못된 것은 아니다: 더 큰 콩은 더 크고 더 잘 익은 과일을 의미할 수 있다. 이는 콜롬비아의 카스티요(Castillo)와 더 최근에는 세니카페 1(Cenicafe 1)과 같은 새로운 품종의 개발로 이어졌는데 이 품종은 부분적으로 농부가 더 높은 비율의 수프리모 등급을 생산할 수 있도록 도와주었다.

국제 무역 센터(ITC, International Trade Centre) 및 국제 커피 기구(ICO, International Coffee Organization)와 같은 조직에서는 지금까지 지속적으로 콩의 크기를 높은 관능 품질을 나타내는 것으로 사용하지만, 이 관점은 다소 구식인 듯하다. ICO는 그들의 문헌에서 다음과 같이 주장한다. "콩 크기에 따른 분류 이론은 가장 높은 고도의 커피가 낮은 고도에서 생산되는 커피보다 밀도가 높고 크기가 크다는 것이다. 따라서 커피는 높은 고도에서 더 천천히 발달하며 종종 최상의 향미 프로파일을 갖는다."[41]

드물게 예외는 있으나, 이와 같은 관점에 따라 가장 작은 스크린 크기는 고급 스페셜티 커피 수출에서 제외되어 더 낮은 가격으로 거래된다. 놀랍게도 대부분의 경우 가장 큰 콩 역시 분류되어 더 낮은 가격으로 거래된다(이들은 일반적으로 이상하게 밀도가 낮다).

더 큰 콩과 더 높은 고도와 더 높은 밀도의 상관관계는 근거가 덜한 주장 중 하나로 보인다. 니카라과에서 발표된 연구를[42] 포함한 일부 연구는 이 주장을 뒷받침할 수 있다. 그러나 콜롬비아 남부의 나리뇨(Nariño), 르완다의 냐마가베(Nyamagabe) 지구, 에티오피아의 게데오(Gedeo) 및 시다마(Sidama) 지역과 같은 많은 재배 지역(각각 특히 높은 고도에 있음)은 평균보다 작은 콩을 생산하지만 평균 이상의 품질로 잘 알려져 있다는 충분한 증거가 있다.

특히 에티오피아는 좋은 사례가 된다. 일반적으로 지구상에서 최고 품질의 스페셜티 커피로 인정받는 에티오피아 커피는 거의 보편적으로 크기가 작다. 크기를 분류하는 규칙에는 다른 국가에서 분류하는 스크린 크기가 포함되는 경향이 있다; 많은 경우에 콩의 절반 이상이 크기 15 이하로 측정되고 나머지의 거의 1/4은 그 다음으로 작은 스크린을 통과한다. 다른 대부분의 국가들의 모든 표준 스페셜티 등급 시스템에서 이러한 커피의 상당 부분은 실제로 쓰레기와 함께 버려질 정도다. 그러나 더 작은 원두를 포함한다고 해서 이러한 커피가 커핑 테이블에서 경이적인 점수를 받는 것을 막을 수는 없다.

업계의 특정 부문에서는 이를 이점으로 바꾸어 놓았다. 예를 들어 탄자니아에서는 적극적인 마케팅 공세로 피베리로 분류된 더 작은 원두가 종종 가장 높은 프리미엄으로 거래될 정도로 가치를 더했다.

피베리는 크기와 물리적 결함 모두에서 커피 등급을 매길 때 흥미로운 변칙을 보여준다. 엄밀히 말하면 피베리는 유전적 결점이다: 체리당 일반적인 두 개의 씨앗 대신 접합체가 쪼개지지 않은 채 단순히 하나의 씨앗을 형성하여 타원형의 "피베리" 콩이 된다. 많은 사람들은 이것이 더 농축된 향미를 보유한다고 주장했는데, 나는 이런 주장이 사실이 되는 것을 거부했다. 다른 사람들은 그것이 로스팅을 어렵게 만든다고 주장할 수 있는데, 이는 일반적인 생두("flat bean")와 혼합되거나 제대로 분류되지 않은 경우에는 확실히 그럴 수 있다. 다른 어떤 커피도 유전적인 결함이 이처럼 관심을 끄는 경우는 없다. 피베리는 심지어 분류를 위한 자체 스크린 모양을 가지고 있는데, 이는 완벽하게 둥근 원이 아닌 타원형이기 때문이다.

카를로스 브란도(Carlos H. J. Brando)의 저서인 《Harvesting and Green Coffee Processing》의 *Coffee: Growing, Processing, Sustainable Production* 챕터에서 저자는 "처리할 콩의 크기가 균일할 때 밀도와 색상 분류가 모두 더 빠르고 정확하다"고 말한다.[43] 따라서 크기 분류는 결점 제거에도 중요하다. 이는 결함이 다른 품질 측정과 어떻게 얽혀 있는지 어느 정도 설명하는 데 도움이 된다(위에서 다양한 등급에 따른 이름 정하는 것에서 살펴본 것처럼).

로스팅과 컵 품질에 미치는 영향: 이론 및 실제

스크린 크기가 로스팅에 미치는 영향과 관련하여 콩의 크기는 몇 가지 방식으로 열역학을 변화시킬 수 있다. 가장 중요한 것은 열 적용과 흡수의 방식이 크기와 모양, 즉 "표면적 대 부피 비율"에 따라 달라질 수 있기 때문이다.

단일 크기의 생두가 주로 포함된 커피 배치는 문제되지 않는다. 생두의 상대적 표면적과 부피가 상당히 유사하기 때문에 이런 경우 로스터가 적응하는데 문제는 없다. 문제가 되는 것은 크기가 서로 다른 여러 생두를 함께 로스팅할 때다. 이러한 경우 로스팅 정도(배전도)는 커피의 부피와 표면적이 불균형을 이루기 때문에 다소 달라지게 된다.

이를 테스트하면 흥미로운 로스팅 결과와 관능적 데이터를 수집할 수 있다; 나는 수년 동안 여러 장소의 수많은 수업에서 이것을 시연했으며, 서로 크기가 다른 두 커피가 같은 방식으로 반응하지 않기 때문에 결과는 항상 예측할 수 없었다. 그러나 이 데이터는 콩 크기마다 열 흡수의 차이가 있고 그 결과 향미의 차이를 입증하는 데 통찰력을 준다.

나의 예를 재연하기 위해 다양한 범위의 스크린 크기로 커피 배치를 만들어 보라. 하나의 배치는 분류하지 않은 채 남겨두고, 나머지 배치는 개별 스크린 크기 배치로 분리한다.

두 가지 방법 중 하나로 로스팅에 접근할 수 있다: 프로그래밍 가능한 로스터를 사용하고 있다면 각 배치를 동일한 로스팅 프로파일로 설정하기만 하면 된다. 로스터는 기본적으로 각 생두를 동일한 열 프로파일로 로스팅해야 하며, 그러면 같은 크기와 모양끼리 정확히 동일한 열을 흡수하는 다양한 방식을 맛볼 수 있다.

또는 안정적인 배치 간 프로토콜과 동일한 투입 온도로 예측 가능한 로스팅 패턴(가능한 한 적은 열 변화)을 사용하고 임의의 종료 온도 또는 시간을 결정한다. 스크린 크기가 목표와 일치하는지에 따라 몇 가지 흥미로운 차이가 발생해야 한다: 색상 변화, 로스팅 전반에 걸친 시간 또는 온도 차이, 물론 향미는 실험 완료 시 통찰력 있는 세부 정보를 제공해야 한다.

수년에 걸친 실험 결과는 내가 관능적으로 16 및 17정도의 스크린 크기를 약간 선호한다는 것이다. 이보다 크거나 작은 크기의 경우는 적절하게 발현하기 위해서 이와 다른 로스팅 접근 방식이 필요할 수 있다. 즉, 아마도 내 표준 로스팅 방식은 의도치 않게 이러한 스크린 크기에 가장 적합할 수 있거나 우리가 이 실험을 위해 선택하는 커피의 종류에 본질적인 차이가 있을 수도 있다. 일반적으로 커퍼들은 크기가 14 또는 그 이하인 콩에서부터 녹색을 띈, 아마도 덜 익은 열매의 노트를 감지하기 시작하는데, 물론 이러한 모든 결과에는 예외가 있다.

2부: 밀도

거의 모든 커피는 적어도 한 번 산지에서 밀도에 따라 분류된다. 로스터로서 나는 밀도가 의미하는 바에 대한 확실한 이해 없이 로스팅 또는 맛에 대한 생각을 뒷받침하는 경험적인 근거만을 가지고 이에 대해 수수께끼 같은 용어로 종종 이야기했다. 그러나 밀도는 빠르고 쉽게 측정할 수 있었고 내 의심을 정량화할 수 있는 방법이 있다는 것을 알게 되었다.

정의

밀도는 3차원 공간에 들어갈 수 있는 것(우리의 경우 커피)의 양을 측정한 것이다. 이것은 질량을 부피로 나눈 것으로 수학적으로 표현된다(D = m/V).

실용적인 목적을 위해 물 1그램(질량)은 공간 1밀리리터(부피)*를 채우며, 이는 물의 밀도

---

* 이론적인 환경에서는 이것은 사실이다. 현실 세계에는 약간의 차이가 있는데, 우리의 목적을 위해 이를 엄밀하게 조사하는 것보다 무시하는 것이 훨씬 더 편리하다.

가 밀리리터당 1그램임을 의미한다.* 1을 1로 나눈 값은 1이다.

밀도는 종종 "입방 피트당 파운드" 또는 "입방 미터당 킬로그램"으로 표현되지만 실제로는 무게 측정을 부피 측정으로 나눈 값이 허용된다. 커피의 경우 일반적으로 리터당 그램을 사용한다.

수출 전 밀도별 분류

커피는 수출되기 전에 거의 항상 건식 가공소에서 한 번 이상 밀도 분류를 거친다. 많은 경우 체리 및 파치먼트 밀도 분류가 이루어질 것이다.

체리 띄우기

커피는 가공 전에 밀도의 차이를 이용하여 분리할 수 있다. 전체 체리를 띄우는 방식은 꽤 일반적이다; 그것은 체리를 담근 후 부유물을 걷어내는 방식처럼 수동으로 처리되거나 보다 정교한 습식 가공소 기계에 내장되기도 한다.

띄우기는 공급업체가 제공하는 정보에 항상 설명되는 것은 아니다. 이는 종종 보이지 않는 단계다. 나는 르완다와 부룬디의 생산자들이 자신의 체리 띄우기 방식을 자랑스럽게 보여주는 것을 관찰했다. 이곳에서는 이 방법이 감자 맛 결점을 유발하는 해충의 피해를 입은 커피 체리를 걸러내는 데 자주 사용된다.

띄우기는 커피 가공이 시작되기도 전에 품질 관리 단계에 추가된다. 저밀도 커피는 제거되고 모든 고품질 고밀도 커피는 가공을 위해 워싱 스테이션으로 판매된다. 이것은 껍질을 제거하기 전에 가장 효율적으로 밀도가 심하게 낮거나 손상된 커피를 가려내는 비교적 좋은 방법이다. 또한 띄우기는 체리의 껍질을 제거하기 전에 돌멩이, 잔가지 및 기타 커피가 아닌 물질을 줄이거나 제거함으로써 장비 손상을 방지하는 데 도움을 준다.

등급 분류 수로

대부분의 워시드 커피에서 1차 밀도 분류는 발효 후에 진행한다. 껍질을 제거한 파치먼트를 좁은 통로로 흐르는 깨끗한 물(챕터 2의 "워시드" 참조)을 통해 옮기면, 뜨는 커피는 가라앉는 고급 파치먼트와 분리될 수 있다. 일반적으로 이 과정을 통해 2~3개의 품질 등급을 구분할

---

* 덧붙여서 이것은 미터법 측정의 주요 이점을 나타낸다. 물의 질량과 부피라는 두 가지 개별 측정값이 대략 상호 교환 가능하다는 사실의 단순함은 계산, 비교 및 이해를 간단하게 만든다.

수 있으며 가장 느리고, 가장 무겁고, 밀도가 가장 높은 커피가 가장 좋은 맛을 내고 가장 높은 가격에 판매되는 경향이 있다.

건식 가공소

마지막으로 세척되지 않은 커피도 건식 가공소에서 밀도별로 분류된다. 라틴 아메리카 일부 지역에서는 카타도르(Catador)로 알려진 팬 구동 분리기를 사용하여 더 무겁거나 가벼운 생두를 분리하기 위해서 다양한 유출 지점이 있는 드럼 위로 커피를 이동시킨다. 또 다른 비중 선별기(gravity sorter) 또는 밀도 테이블은 기류와 진동을 이용해 약간의 경사가 있는 홈이 있는 표면을 사용한다. 이러한 방법을 사용하면 깨진 콩, 속이 빈 껍질, 마른 파치먼트 및 이물질과 같은 저밀도 물질을 제거하여 배치마다 일관된 밀도를 얻을 수 있다. 밀도가 낮은 전체 생두는 더 낮은 품질의 제품으로 판매되기 위해 다시 분류된다.

　기계가 변덕스러울 수 있지만 적절하게 보정된 밀도 테이블은 미리 설정된 결점두 개수 이하로 분류할 수 있다. 반대로 제대로 보정되지 않은 테이블은 과도하게 많은 결점두와 낮은 컵 품질, 로스팅의 어려움으로 이어질 수 있다.

생두 밀도의 일반적인 추세

많은 예외가 있지만 스페셜티 커피 밀도는 종종 예측 가능한 방식으로 산지마다 다르게 나타난다. 동아프리카 커피, 특히 에티오피아 남부와 케냐 중부 고원지대의 커피는 콜롬비아 남부 지역의 나리뇨(Nariño), 카우카(Cauca) 및 우일라(Huila)와 같은 많은 커피와 마찬가지로 밀도 스펙트럼에서 매우 높게 나타나는 경향이 있다. 반대로 수마트라와 브라질의 커피는 일반적으로 비교적 밀도가 낮은 경향이 있다.

　높은 고도와 작은 스크린 크기는 낮은 고도 또는 큰 생두보다 밀도가 높은 경향이 있고(많은 예외가 있음), 중앙 아메리카 워시드 커피는 밀도가 중간 정도이며, 내추럴 커피는 종종 워시드 커피보다 밀도가 낮고, 수분율이 높은 커피는 마른 커피 보다 밀도가 낮다.

측정 방법

자유 침강(Free Settling)

가장 간단한 밀도 측정 방법은 눈금 실린더 또는 부피 측정 용기를 사용하는 것이다. 이 방식은 "자유 침강(freely settled)"밀도를 결정하는데, 이는 "자유 유량(free-flow)" 또는 "부피 밀도(bulk density)"라고도 불린다. 용기에 생두를 특정 부피까지 채우고 커피 무게를 측정 한 다음 무게(질량)를 부피로 나누기만 하면 된다.*

이 방법을 사용하면 분석을 위해 구별되는 커피 측정값을 충분히 얻을 수 있다. 나는 세 가지 방법을 간략하게 비교했다: 100밀리리터 눈금 실린더, 시나 수분 측정기(Sinar Moisture Meter)와 함께 제공되는 컵을 사용한 수동 측정, 시나의 내부적으로 프로그래밍 된 디지털 판독을 해보았다. 결과는 다소 차이가 있지만 아래의 그림 5와 같이 놀라운 일관 성을 보여준다.

---

* 국제표준기구(ISO, International Organization for Standardization)는 생두 및 원두에 대해 이 방법을 사용하도록 권장하는데, 이는 커피가 황마 백이나 소매 포장에 자유롭게 들어가는 실제 시나리오와 쉽게 일치하기 때문일 수 있다.

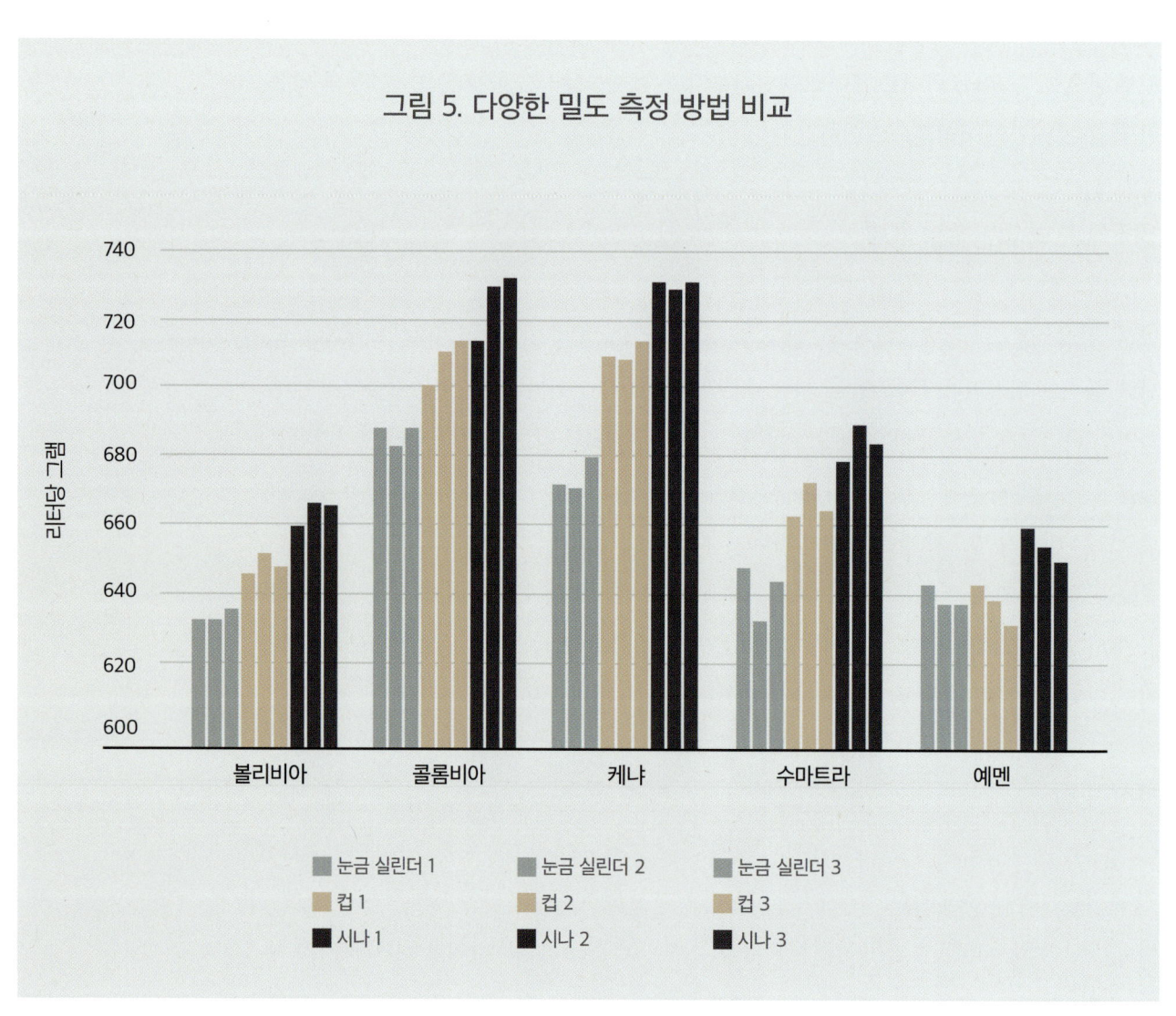

그림 5. 다양한 밀도 측정 방법 비교

측정 간의 차이를 해석할 때 가장 중요한 점은 측정 방법이 일관적이라면 충분한 샘플로 충분한 데이터를 수집할 수 있다는 것이고, 그렇다면 모양이 이상하거나 크기가 예외적으로 다른(파카마라(pacamara)나 라우리나(laurina)와 같은) 몇 가지 경우를 제외한다면 신뢰할 수 있을 만한 기준을 설정할 수 있다는 것이다.

즉, 눈금 실린더를 사용한 경우 리터당 700그램은 밀도가 매우 높고 리터당 680그램은 대략 평균 정도이며 리터당 660그램은 상당히 낮다는 것을 확인할 수 있다. 그러나 내가 시나의 디지털 판독값을 사용한다면 리터당 730그램의 측정값은 밀도가 매우 높고 리터당 700그램은 평균에 조금 더 가까우며 리터당 670그램은 낮은 값일 것이다. 이것은 모두 기술과 장비의 일관성에 관한 것이다. (그림 6 참조.)

이것은 기본적으로 모든 용기를 사용하여 쉽게 수행할 수 있으므로 가장 접근하기 쉬운 생

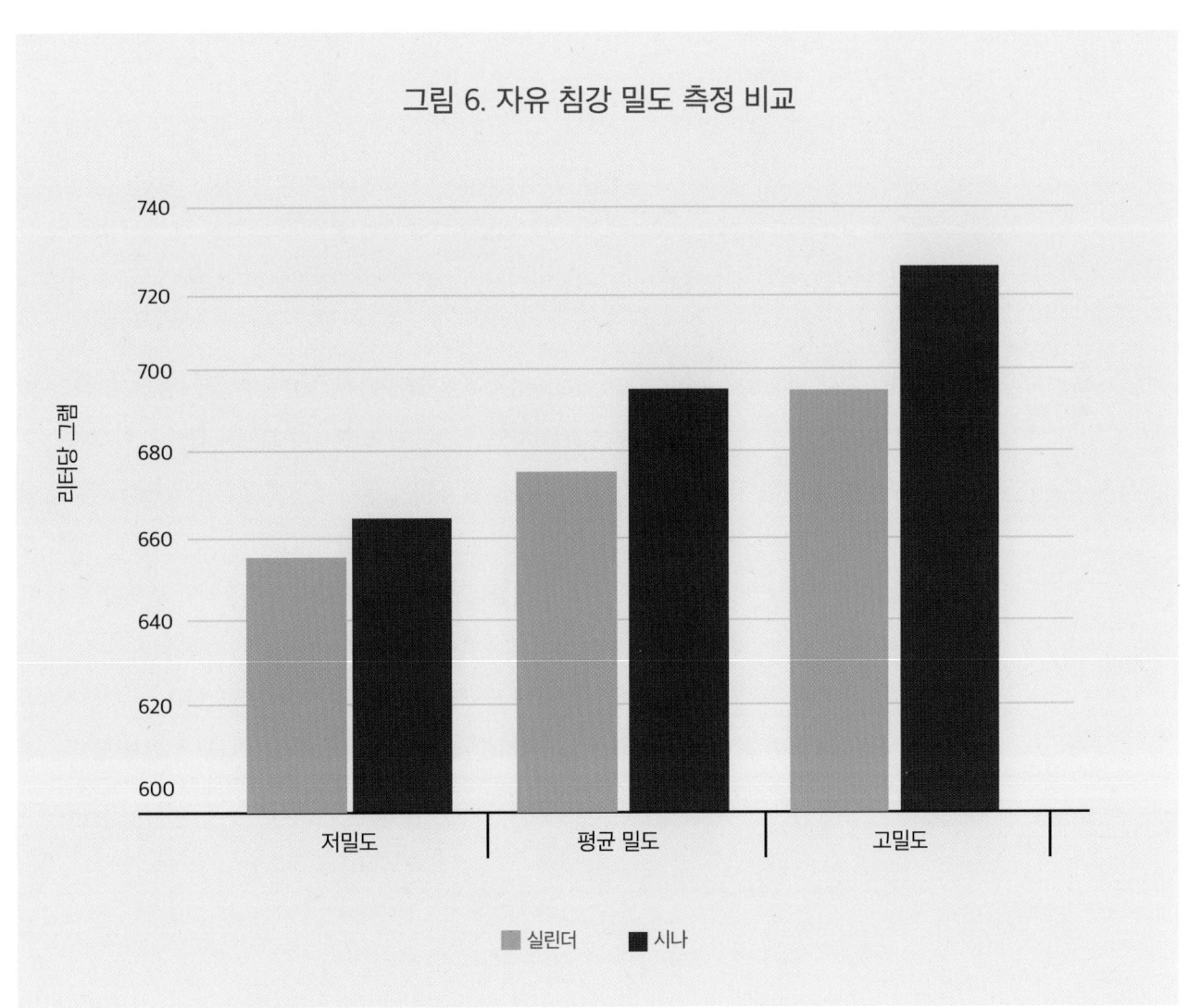

그림 6. 자유 침강 밀도 측정 비교

두 측정 기준이 된다. 주어진 용기의 상단까지 채우는 데 필요한 물의 양을 측정한 다음 동일한 용기를 채우는 데 필요한 커피의 무게를 측정하고 커피의 무게를 물의 부피로 나눈다.

커핑에 자주 사용되는 것과 같은 표준 물 7.5온스*(222밀리리터) 유리컵이 있다고 가정해 보자. 컵에 커피를 채우고 가장자리 일직선을 기준으로 했을 때 상단에 있는 커피를 제거한 뒤 잔에 남아 있는 커피의 무게를 잰다. 예를 들어 5.3온스(약 150그램)가 있다고 가정해 보자.

미터법으로 작업하는 경우는 더 쉽다. 150그램을 222밀리리터로 나누면 밀리리터당 0.676그램이다. 밀리리터를 리터로 변환하려면 1000을 곱하면 리터당 676그램이 된다.

"액량 온스당 온스"라는 어색한 표현**을 피하고 싶다면 영미권 단위는 약간 더 많은 작업이 필요히다. 표준 단위체를 얻기 위해 파운드와 갤런으로 환산해 보겠다. 5.3온스는 0.33파운드이고 7.5액량 온스는 0.0586갤런으로 변환된다. 따라서 0.33파운드를 0.0586갤런으로 나누면 갤런당 5.6파운드가 된다. 미터법이 마음에 들지 않는다면 이렇게 계산하면 된다.

변위(Displacement)

자유 침강 밀도 값은 충분히 쉽지만 수치에 약간 오류가 있다: 생두는 일반적으로 물에 가라앉는다. 이는 생두의 "실제" 밀도가 정의상 물보다 커야 함을 의미한다(리터당 최소 1000그램 또는 갤런 당 8.34파운드). 이 사실은 측정 용기에 담긴 콩 사이의 작은 빈 공간 때문에 앞에서 말한 측정치와 일치하지 않는다. 커피의 "실제" 밀도를 결정하기 위해선 다른 방법을 사용해야 한다.

경제적인 비용으로 체적 밀도(volumetric density)를 측정하는 방법은 변위다. 아르키메데스의 전설을 기억하는가? 그리스 수학자였던 그는 왕의 왕관이 실제로 금인지 아니면 불순물이 섞였는지 알아내려 하였다. 그는 정신을 맑게 하기 위해 욕조에 몸을 담갔는데 그때 쏟아진 물이 몸이 차지하는 부피와 정확히 일치한다는 것을 깨닫게 되었다. 그가 왕관의 무게를 재어본 다음 이에 변위되는 물의 무게를 측정한다면 그 밀도가 순금과 같은지를 증명할 수 있고, 만약 밀도가 같지 않다면 그 선물이 값싼 모조품이라는 것을 증명할 수 있었다.

마찬가지로, 알려진 무게의 생두를 물에 담갔을 때의 물의 양의 변화(변위)로 실제 커피의 부피의 근사치를 확인할 수 있다.*** 커피의 원래 무게를 실제 부피로 나누면 진짜 밀도는 리터당 1000그램 이상 (밀리리터 당 1그램)이라는 것을 알 수 있다.

---

* 비 미터법 측정에서 중요한 구분인 "액량 온스"(건조가 아닌)의 사용에 유의하자.

** 5.3온스는 7.5액량 온스로 나눈 값 = 액량 온스 당 0.7온스

*** 이해를 돕기 위해 표면 장력의 복잡함과 부력에 대한 약간 더 복잡한 설명과 공식을 무시하자.

어떤 방법이 더 나을까?

체적 변위는 커피 밀도를 측정하는 데 권장되는 방법은 아니다. 한 가지 이유를 들자면 콩을 물에 담그게 되면 더 이상 사용할 수 없기 때문이다. 또한 우리가 일반적으로 커피를 포장하거나 저장하는 방식을 완전히 대표하지 않아 유용성이 떨어진다. 물의 표면 장력은 기술의 이론적 용이성에도 불구하고 이 측정값을 계산하는데 다소 문제가 있다. 생산에 참여하는 소비자, 프로슈머(prosumer) 수준의 실험실 장비에 대한 부정확성과 표면 장력과 관련된 어려움으로 인해 변위는 큰 규모 또는 고차원의 실험실에서 행해져야 하는데 이런 수준의 실험 수행은 그리 쉬운 일이 아니다.

추상적으로 말하자면, 변위는 "진정한 밀도"의 더 정확한 측정을 나타내지만, 자유 침강이 창고, 건식 가공소 또는 로스터리의 실용적인 환경에서 행해지는 실제 현장의 밀도 측정을, 말하자면 일반적으로 생두를 취급하고 저장하는 방식을 더 잘 설명한다.

어느 경우이든 이 모든 경우에서 한 발짝 물러서서 바라봐야 할 점은, 만약 방식의 일관성을 갖는다면 어떤 방식이든 상관없이 의미 있는 데이터를 관찰할 수 있어야 한다는 점이다. 지속적으로 다양한 커피들로 일관된 방법을 반복한다면 추세를 확립하는 데 도움이 되며, 이를 통해 어떤 선택이든 더욱 잘 예측하고 알리는 데 도움이 된다.

재정적 중요성

수확 후 사용되는 분류 기술에서 커피의 밀도가 중요하다는 것을 추론하기란 어렵지 않다. 그 의미는 컵 품질과 시장의 가치와 상호 관련되어 있다. 브란도(Brando)는 "많은 커피의 결점은 밀도 손실과 관련이 있다... 높은 콩 밀도와 높은 커피 품질 사이에는 양의 상관관계가 있다."고 말한다.[44]

"1파운드의 깃털과 1파운드의 납 중 어느 것이 더 무거운가?"라는 초등학교 수수께끼를 기억해보자.

물론 답은 무게가 정확히 1파운드로 동일하다는 것이다. 다만 밀도는 다르다: 1파운드의 납은 깃털 더미보다 훨씬 밀도가 높아 공간을 덜 차지한다.

마찬가지로 저밀도 커피 60킬로그램 백의 무게는 고밀도 커피 60킬로그램 백과 정확히 동일하다. 차이점은 60킬로그램에 해당하는 저밀도 커피 생두에 더 많은 공간이 필요하다는 것이다. 결과적으로 공간, 보관, 운송 및 포장 측면에서 고밀도 커피는 더 가치가 있다.

커피가 이동하는 동안 차지하는 모든 공간을 생각해보자: 수확에서 사용하는 바구니, 소작농이 하루 수확한 커피를 지역 워싱 스테이션으로 운송하는 백, 발효 탱크, 건조 테이블과 파티오, 건식 가공소와 항구로의 운송, 수입업자의 창고로의 운송, 로스터 시설의 선반 공간...이 목록은 계속된다.

3차원 공간을 채우는 경우 높은 밀도의 커피가 더 효율적이므로 낮은 밀도의 커피보다 가치가 높다. 수확, 가공 및 분류된 고밀도 커피 생두는 무게가 더 많이 나가거나 공간을 덜 차지하기 때문에 더 가치가 있다.

예를 들어 680그램/리터의 고밀도 에티오피아 커피로 60킬로 백을 채우려면 88.2리터의 부피가 필요하다 (그림 7 참조). 640그램/리터의 저밀도 수마트라로 동일한 무게(60킬로)를 채우려면 93.8리터의 공간이 필요하다. 60킬로의 백을 채우는 데 6.3%의 수마트라 커피가 더 필요하다!

이 시나리오에서 수마트라 농부들은 6.3% 더 많은 커피 체리를 수확해야 한다. 이 사례의 수마트라 커피는 6.3% 더 많은 공간을 차지하기 때문에 주어진 컨테이너가 무게 제한에 도달하기 전에 최대 부피를 초과하는 경우 배송 비용이 더 비쌀 수 있다.

저밀도 커피는 로스팅 중 무게가 더 손실되는 경향이 있으며, 이는 로스터의 비용 효율성도 떨어지는 결과를 낳는다.

궁극적으로 저밀도 커피는 전체 공급망에서 비용 효율성이 떨어진다.

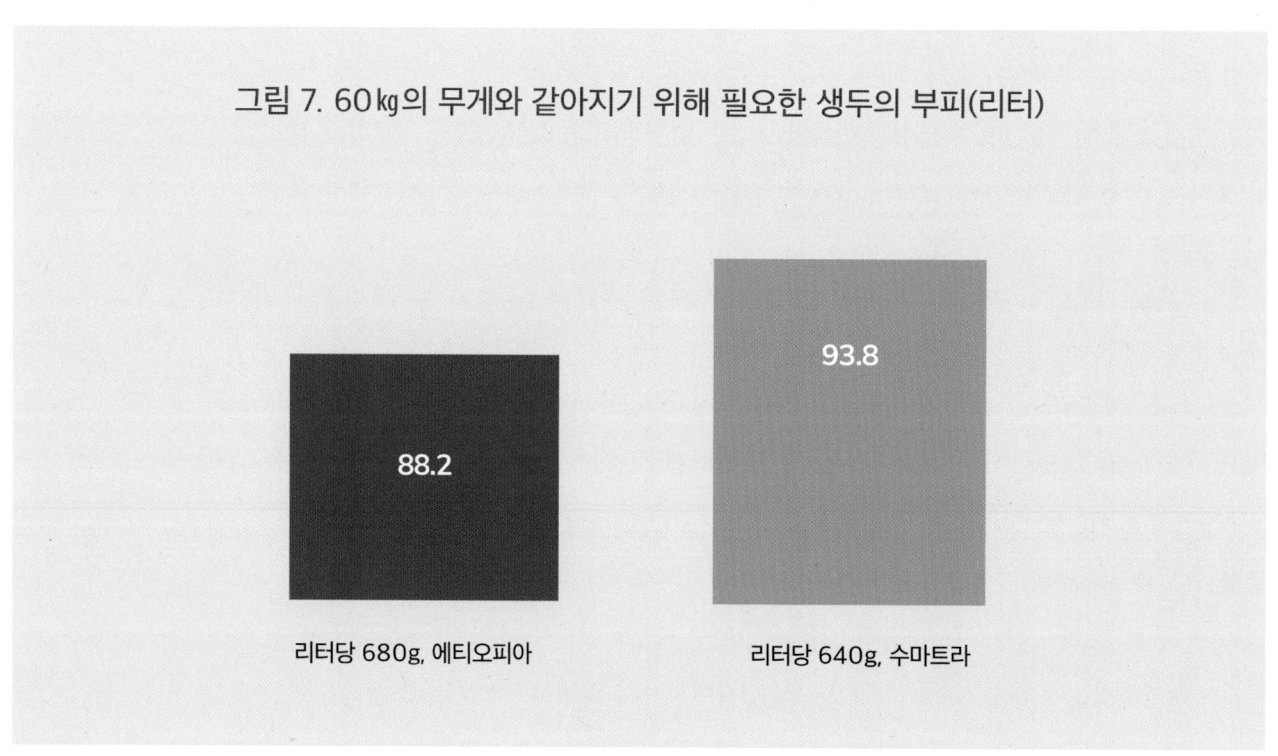

그림 7. 60kg의 무게와 같아지기 위해 필요한 생두의 부피(리터)

88.2
리터당 680g, 에티오피아

93.8
리터당 640g, 수마트라

밀도와 수분 함량의 관계

완전히 건조되지 않은 커피를 빠르게 판매해야 하는 실질적인 우려와는 별개로, 때때로 커피 생산자와 수출업자는 습식(wet) 커피가 더 무거우며 국제적으로 커피가 부피가 아닌 중량으로 거래되기 때문에 습식 커피를 운송한다는 비난을 받는다. "수분이 가득하기에 더 무겁고 그렇기에 더 가치가 있다"는 생각이 들 수도 있다.

그러나 변위를 사용하여 커피가 실제로 물보다 밀도가 높다고 논의한 것을 기억하는가? 즉 컵 품질에도 불구하고 더 젖은 커피를 배송함으로써 얻을 수 있는 가치는 무시해도 될 정도라는 것이다.

100개의 고품질 스페셜티 커피에 대한 최근 설문 조사(116페이지 그림 8 참조)는 다음과 같은 경향을 보여주었다: 밀도가 증가함에 따라(왼쪽에서 오른쪽으로) 리터당 40그램의 원두마다 약 1% 정도 수분이 감소하는 경향이 있다(자유 침강 방식).

이 수치를 검토하는 동안, 나는 마침 다른 두 가지 포장 유형으로 배송되어 총수분 함량이 다른 채 도착했던 단일 커피를 검토했던 것을 기억했다. 따라서 단일 대표 커피에 대해 이 수학적 경향을 테스트할 수 있었다.

실험 당시 그레인프로(GrainPro)에 포장된 샘플은 수분율이 11.4%인 반면 황마 백에 들어 있는 샘플은 12.1%로 더 높았다(117페이지 그림 9 참조). 더 건조한 그레인프로 포장 커피(리터당 673그램, 리터당 1,190그램)는 더 습한 황마 백 커피(자유 침강 방식으로 측정 시 리터당 659그램, 변위를 통하면 리터당 1,160그램)보다 밀도가 더 높았다.

이것은 단지 하나의 짧은 관찰이었지만, 두 가지 다른 수분 측정치로 보관된 단일 커피를 가진 것은 내게 일반적인 추세가 사실임을 반복하며 확신을 주었다: 더 건조한 커피는 커피와 물의 비율이 더 높기 때문에 종종 더 밀도가 높다. 습한 커피는 보관 및 로스팅 중에 무게가 더 많이 줄어들게 되고 물론 그 가치가 더욱 떨어진다.

질적 중요성

내 경험에 따르면 밀도가 가장 높은 커피는 로스터의 열 적용에 고유하게 반응하는 경향이 있으며 이는 관능적 품질에 영향을 미친다. 대부분은 마이야르(Maillard) 갈변 반응을 통해 1차 크랙에 힘을 공급하기 위해 추가 열 에너지가 필요하다. 저밀도 커피를 로스팅하는 것이 스테인리스 프라이팬으로 요리하는 것과 같다면 고밀도 커피는 주철과 같다. 온도를 높이려면 더 많은 에너지가 필요할 수 있지만 일단 온도가 올라가면 더욱 잘 전도된다.

저밀도 커피는 로스팅의 초기 단계에서 빠르게 진행되는 경향이 있으며 1차 크랙이 시작되면 세심한 터치가 필요하다. 그러나 고밀도 커피는 즉시 열을 가해서는 안된다. 이렇게 하면 오히려 열이 내부까지 도달하기 전에 외부만 태울(scorch) 수 있다. 고밀도 커피는 더 높은 열이 필요하지만 로스팅의 초기 단계 내내 서서히 열을 증가하는 것이 커피가 1차 크랙으로 부드럽게 그러나 확실하게 가속하기에 충분한 열 운동량을 제공하는 데 더 도움이 될 수 있다.

로스팅이 1차 크랙에 도달하기 몇 분 전에 갈변화를 시작할 때부터 생두의 밀도는 돌이킬

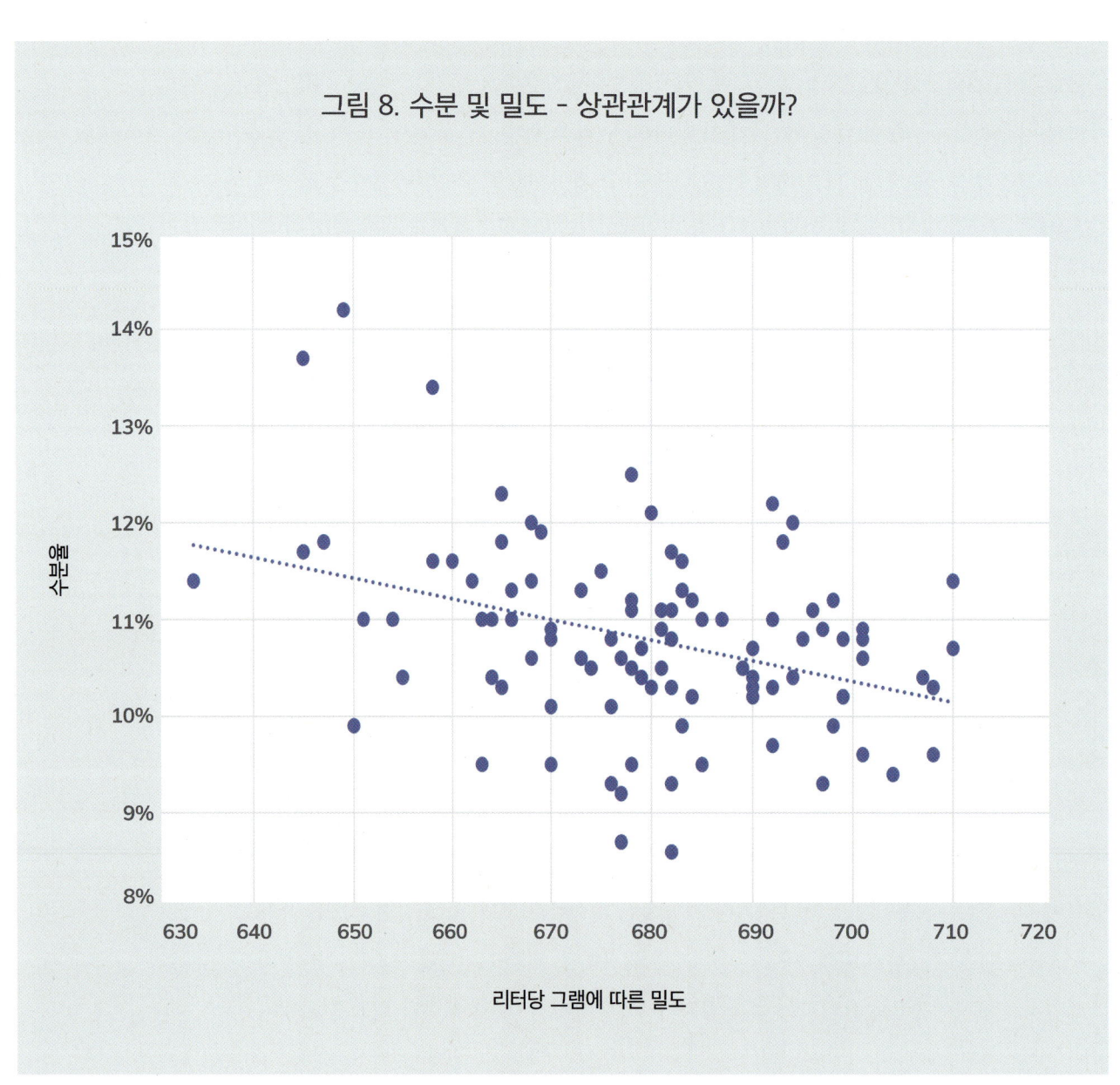

그림 8. 수분 및 밀도 – 상관관계가 있을까?

수 없을 정도로 변경된다. 원두 크기의 확대와 수분 손실로 인해 이제 커피는 로스팅을 시작했을 때보다 밀도가 절반으로 줄어든다. 이 시점에서 커피의 밀도는 더 이상 건조 및 마이야르 단계에서 가질 수 있는 유형의 열 저항 또는 유지력을 발휘하지 않게 된다. 버너 형태의 열 적용과 로스팅 과정 초기에 밀도의 영향을 보상하기 위해 만들어진 공기 흐름(airflow)의 변화는 어떤 면에서는 로스팅을 끝내기 위한 전략을 규정할 수 있다. 고밀도 생두는 초기에 높은 열 에너지를 필요로 할 수 있다. 즉 로스터는 슈가 브라우닝(sugar browning)부터 가파르게 로스팅이 진행되어 발생하는 탄맛의 커피를 피하기 위해 1차 크랙 또는 그 이전에 크게 열을 줄여야 할 수도 있다. 반대로 천천히 진행하는 저밀도 커피는 1차 크랙 동안 열을 계속 가함으로써 베이크드(baked)되거나 밍밍한 향미를 방지할 수 있다.

이 모든 것은 최종 향미에 기여하는 관점에서 볼 때 다소 일반적이며, 분명히 생두 특성의 이용 가능성에 영향을 받을 것이다. 당신이 아무리 조심스럽게 로스팅하더라도 오래된 생두

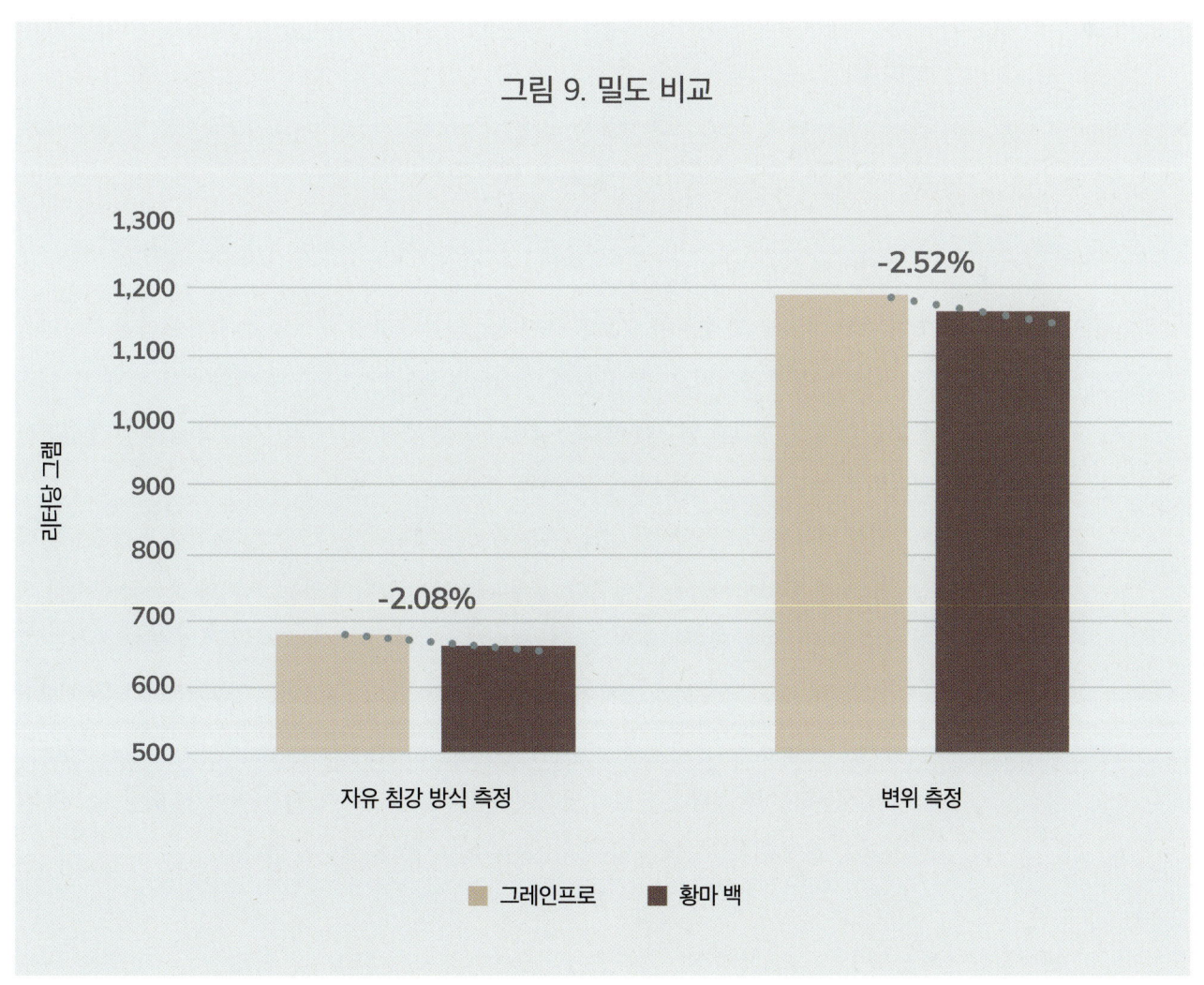

그림 9. 밀도 비교

를 꽃이 만발한 사탕과도 같은 향미의 커피로 바꿀 수는 없다. 그러나 몇 가지 일반 사항을 제 안할 수는 있다: 밀도가 가장 높은 커피는 밀도가 낮은 커피보다 더 밝고 복합적인 산미가 있으며 생두 자체의 특성이 잘 발현되고 자당과 유사한 설탕 향미가 나는 경향이 있다. 물론 이것은 매우 일반적인 이야기일 뿐, 절대적인 규칙으로 받아들여서는 안 된다.

요점은 밀도가 전체 공급망에서 커피에 절대적으로 영향을 미친다는 것이다. 생산자, 로스터 또는 그 중간에 누구든 관계없이 밀도를 측정하고 이해하는 것은 쉽고 가치 있는 일이다.

3부: 수분율 및 수분 활성도

갓 수확한 커피 체리는 대부분이 물로 이루어졌으며, 그 체리의 씨앗을 말리는 데 많은 시간과 에너지가 소비된다.

수분율

아주 오랫동안 수출용 생두는 수분율 10~12%로 정의되어왔다.

수확 후 건조 및 수분율

커피 수확 후 건조 과정은 품질 보존 측면에서 가장 중요한 시기일 것이다. 브라질 라브라스 (Lavras) 대학의 플라비오 보렘(Flavio Borém) 박사는 이 연구 분야의 선두 주자로, 여러 출처를 통해 잘 정리된 연구에 따르면 낮은 온도와 긴 건조 시간은 생두의 상미 기간 연장뿐 아니라 컵에 담길 가치 있는 향미 특성에도 유익하다고 한다.

수확한 커피를 건조한 후 발생하는 수분 손실은 생두에서 나오는 칼륨 침출과 관련이 있다는 점에서[45] 중요한 사실을 보여준다: 생두 내부에 결합되어 있는, 커피의 관능적 품질과 직접적인 관련이 있는 화합물들은 분해되기 쉽다. 이러한 민감성은 여러 가지 열악한 건조 조건, 부적절한 취급, 과도하게 습하거나 건조한 보관, 궁극적으로 수확 후 긴 시간 동안 방치에 의해 악화된다.

커피 생두의 수분 함량은 영원히 안정적이지는 않을 것이며, 이는 커피가 "최상 로스팅 기한"이라는 한정된 유통기한이 있는 농산물이라는 사실을 깨닫게 한다.

수분 측정 방법

커피의 수분을 정확하게 측정하려면, 실험실 등급의 저울을 사용하여 샘플의 무게를 측정하고 초저온 정밀 제어 오븐에서 몇 시간 동안 커피를 완전히 건조시킨 다음 다시 무게를 측정해야 한다. 정확하게 무게 손실을 측정하면 콩을 건조하기 전에 콩에 얼마나 많은 수분이 있었는지 알 수 있다.

물론 이것은 대부분의 커피 전문가에게는 가능하지 않은 방법이다. 대신 수분을 측정하는 데 사용할 수 있는 대부분의 장치는 정전용량(capacitance)을 측정하고 물의 유전 상수(dielectric constant of water)를 사용하여 해당 측정을 해석한다.

유전 상수는 전류가 특정 물체(물, 커피 등)를 통해 이동하는 방식과 전류가 진공을 통해 이동하는 방식 간의 차이로 정의할 수 있다. 업계 최고의 장치 제조업체인 시나(Sinar)에 따르면 물의 유전 상수를 알면 장치에서 전기 신호가 커피 샘플을 통과하는 방식의 작은 변화를 해석할 수 있으며, 이는 장치가 커피의 정전 용량(에너지 저장 용량)을 측정할 수 있게 한다. 그런 다음 장치는 보정 샘플 데이터베이스에 대해 커피의 정전 용량 측정을 상호 참조하고, 질량 및 온도와 같은 변수를 수정하고, 몇 초 만에 높은 정밀도로 수치를 변환한다.

수분율이 로스터에게 미치는 영향

로스터로서 수분율은 로스팅에 의한 무게 손실과 밀접한 관련이 있다. 모든 로스터는 녹색에서 갈색으로 전환할 때 생두 무게의 손실과 맞서게 된다. 로스팅으로 인한 무게 감소는 생두의 수분 함량(거의 모두 로스팅됨)에 로스팅 정도(시간 및 온도)를 더함으로써 대략적으로 계산할 수 있다. 따라서 라이트 로스팅은 무게의 12~15%를 잃을 수 있는 반면 가장 다크한 로스팅은 20% 손실을 초과할 수 있다.

이것은 수분율이 고려되지 않은 경우 무게 감소만으로 로스팅 정도를 대용하는 것은 불완전한 그림임을 나타낸다. 대규모 생산 로스팅에서는 색상 QC 확인을 위해 아그트론(Agtron), 컬러트랙(ColorTrack) 또는 기타 분광계 유형의 장비를 사용할 가능성이 높지만 소규모 로스터 및 샘플 로스팅은 그렇지 못할 수 있다.

이러한 경우 무게 손실은 로스팅의 일관성을 보장하는 데 도움이 될 수 있지만 해당 생두가 수분율이 일관된 경우에만 가능하며, 이는 특히 라이트 로스팅과 밀접한 관련이 있다.

예를 들어 수분이 12%인 콜롬비아와 수분이 9%인 케냐는 동일한 조건에서 동일한 시간과 온도로 로스팅하면 로스팅 중량이 크게 달라진다. 해당 로스팅이 특히 라이트 로스팅이거나 샘플 로스팅일 경우 해당 콜롬비아의 로스팅 수율은 100그램 중 85그램일 수 있는 반면, 케냐는 수분 비율이 낮기 때문에 약 88그램의 로스팅 중량을 산출할 것이다.

이로 인해 서로 다른 커피 간의 배치 일관성이 부족해질 수 있을 뿐만 아니라(구매 결정을 위해 평가된 다양한 샘플 세트를 생각해 보자), 규모로 볼 때 수분율은 밀도와 거의 동일한 정도로 로스터의 손익과 직접적으로 연관될 수 있다. 수분율이 낮은 커피는 로스팅 과정에서 무게가 덜 감소하므로 순전히 재정적인 관점에서는 로스터에게 더 큰 가치가 있다.

또한 커피에서 수분은 열이 가해지면 생두가 갈색으로 변하는 마이야르 반응을 돕는다. 수분 함량은 또한 색이 변하기 전에 로스터기에서 건조 속도에 영향을 미친다. 로스팅 초기 단계에서 더 많은 수분을 제거하려면 일반적으로 더 많은 시간, 에너지 또는 두 가지 모두가 필요하다. 따라서 수분율이 높은 커피는 일반적으로 긴 로스팅 시간에 더 유리하게 반응할 수 있다.

생두에 가장 좋은 수분함량은?

파치먼트 또는 전체 체리로 건조할 때 대부분의 커피는 수분율 약 11%가 되는 것을 목표로 한다. 이것은 가장 저장하기에 안전하고 운송하기에 안정적이며 껍질을 벗기기에 충분히 건조한 것으로 간주되기 때문이다.* 기후와 환경, 가공 유형 및 건조 스타일을 포함하여 이 수치를 달성하는 데 가장 어려운 난관은 시간과 공간 문제일 것이다. 이 두 요소에서 문제가 생긴다면 아마도 커피가 제대로 건조되지 않을 것이다. 커피를 건조할 공간이 충분하지 않으면 파치먼트 더미가 너무 두꺼워진다. 수확 성수기에 다음 배치가 도착하기 전에 커피를 제대로 건조할 시간이 충분하지 않으면 너무 젖거나 너무 빨리 건조되거나 둘 다일 가능성이 있다.

생두의 수분 함량에 대한 현재 표준은 진화하고 있다. 미국 스페셜티 커피 협회(SCAA)는 역사적으로 "이상적"인 수분율을 "9~13% 사이"로 정의했지만 현재 SCA는 수분 제한을 완전히 없애고 수분 활성 기준을 채택했다.** 국제 무역 센터(ITC, International Trade Centre)의 커피 가이드(Coffee Guide) 제4판에서는 수확 후 모든 가공 방식에 대해 적절하게 건조된 측정값으로 11-12%를 일관되게 정의하고 있다.*** 여기서는 "수분 함량이 12.5%를 초과하는 커피는 절대 선적해서는 안 됨", "커피는 서늘한 온도에서 11%(습식 기준)의 수

---

* 또 다른 예외: 길링 바사 방식에서는 종종 약 30~40%의 수분에서 파치먼트를 벗긴다.

** 유감스럽게도 이것은 대부분의 커피 애호가들에게 엄청나게 비싸고 복잡한 과학적 표준이다. 로스터는 물론이고 생산자에게도 수분 활성도 측정기에 접근할 수 있는 경우는 매우 드물다. 장비는 비싸고 정확하게 해석하기 어려울 수 있다. 수분율이 커피의 수분 함량에 대한 불완전한 설명이라는 데 동의하지만, 내가 보여주었기를 바라는 것처럼 무관하지는 않다.

*** ITC 가이드는 지나치게 건조된 커피에 대해 민감하게 규정하고 있다. 제3판(2012)에서는 "수분이 10% 이하로 떨어지면 향, 신맛, 신선함이 사라지기 시작하고 8% 이하에서는 완전히 사라진다. 이러한 이유로 ICO는 수분 함량이 8% 미만인 커피의 선적을 금지하기를 원한다."라고 한다.

분 함량으로 보관해야 한다."고 규정하고 있다.[46]

일반 로스터에게 수분에 관한 해석은 커피가 가공 및 배송되는지 여부(생두가 지역 창고에 있는가, 아니면 바다 건너에 있는가?) 및 얼마나 빨리 로스팅 될지를 포함하여 많은 요인에 따라 달라진다.

수분 함량이 너무 높으면 커피 향미는 조기에 변질되고 판지와 같은 맛이 나며 퀴퀴해지면서 색이 바래게 된다. 이 커피는 측정에서는 허용 가능한 범위에 속할 수 있지만 그 향미에서 좋지 않은 상태를 드러낼 것이다. 극단적인 경우에는 생두가 색이 바래거나 씻겨진 것처럼 보일 것이다. 커피가 부적절하게 건조되면 경우에 따라 수분을 재흡수하여 생두에 희끄무레한 반점으로 나타날 수 있다.

사진 | 로열 커피 제공

매우 습하고 신선한 커피(15% 이상)는 색상이 옥처럼 보이고 손톱으로 움푹 파일 정도로 부드럽고 로스팅에서 적절한 색상을 얻는 데 어려움이 있다. 또한 일반적으로 녹색 피망과 젖은 풀과 같은 맛이 나며 곰팡이나 아직 곰팡이가 발생하지 않았을지라도 시간이 흐르면 확실히 발생하게 된다.

과도하게 건조된 커피는 일반적으로 외관이 창백하고 경우에 따라 갈색으로 변하며 나무 같은 맛이나 단조로운 맛과 함께 흔히 마이야르 반응 중에 발생할 것으로 예상되는 단맛과 신맛이 부족하다.

거의 모든 경우에 높은 수분의 위험이 낮은 수분의 위험보다 크다. 그래서 나는 개인적으로 구매 및 보관을 고려할 때 좀 더 건조한 커피를 선호한다. 나는 로스팅하기 편안한 범위로 수분율 9~11%를 좋아하는데, 드물지만 확실히 로스팅하기 어려웠던* 수분율이 8% 정도로 낮은 희귀하고 맛있고 신선한 몇 가지 시즌 커피를 로스팅한 적이 있다. 이렇게 특별히 건조한 커피는 최근에 수확되고 일관된 품질을 보유한 경우 특수한 이점을 제공할 수 있다: 우선 향미가 빠르게 퇴색할 가능성이 매우 낮고 샘플이 센서리 QC에서 통과하면, 조심스럽게 보관하고 포장할 경우 해외 운송에서도 살아남고 몇 주 안에 창고에 도착하여 오늘과 거의 같은 맛을 낼 것이라고 나는 확신한다.

반면에 수분율이 13%인 커피를 맛본다면 오늘은 맛있을지라도 걱정해야 할 다른 문젯거리가 있다. 그 모든 커피를 즉시 로스팅할 수 있다면 걱정을 덜 수 있지만 해당 커피가 일정 기간 동안 운송되거나 저장되어야 하는 경우 빠르게 변질될 가능성이 높다.

커피를 국내에서 보관하는 경우 한두 달 안에 모든 커피를 로스팅할 수 있다면 12.5% 정도의 높은 수분율의 샘플도 그 위험을 감수해 낼 수 있다. 그러나 해당 랏이 해외에서 배송되어 온다면 나는 11.5% 정도에서부터 불안해지기 시작한다.

이 모든 것은 수분율이라는 개념이 물과 생두 사이의 상호 작용하는 방식에 대한 불완전한 그림이라는 것을 말해 준다. 이와 같은 결정을 내릴 때 공급업체와의 이력, 건조 관행에 대한 지식, 수분 활성도 측정과 같은 정보가 결정을 내리는 데 도움이 될 수 있다.

수분 활성도

물, 커피의 수분은 단순한 비율을 넘어 훨씬 복잡하다. 이 측정값은 제품 안전에서 유통 기한, 상미 기간에 이르기까지 모든 것에 영향을 미칠 수 있기 때문에 물의 소위 "활성도"는 주의를 기울일만한 미묘한 차이를 만든다.

수분 활성도는 본질적으로 커피의 "결합되지 않은" 수분이 얼마나 적극적으로 증발하려고 하는지를 측정한 것이다. 즉 이것은 수증기압을 측정하는 것을 의미한다.

그것을 수학적으로 탐구하기 위해, 물질(커피와 같은)의 수분 활성도는 0도의 상온에서 순수한 물의 증발 속도와 비교한다. 따라서 커피의 수분 활성도는 항상 분수 또는 백분율로 표시한다. 특정 커피의 수분 활성도(종종 aW로 표기)가 0.50이라고 한다면 이는 수분이 순수

---

* 수분 부족은 마이야르 및 설탕 갈변 반응의 속도를 억제하고 1차 크랙과 때로는 2차 크랙의 소리가 나지 않거나 거의 감지되지 않을 수 있다.

한 물의 약 50% 비율로 증발한다는 것을 의미한다.

수확 후 건조 및 수분 활성도

안정적인 수분 활성도는 수확 후 처리 과정동안 기본적으로 현장에서 "설정"된다. 안정적인 저온으로 느리고 꾸준하게 건조했다면 변동이 심하거나 고온으로 건조하는 것보다 커피의 수분 안정화에 더 나은 환경을 제공한다.

파치먼트 커피를 건조할 때는 아프리칸 베드(raised bed)에서 하는 것이 좋다. 말뚝 위와 아래의 좋은 공기 흐름, 얇은 층, 그리고 (바라건대) 콩을 빈번히 뒤집어 주는 것은 비교적 좋은 건조 환경을 제공한다. 파티오에서 얇게 펼친 채로 지속적으로 갈퀴질을 해준다면 이와 유사한 결과를 얻을 수 있다.

반대로 규칙적으로 뒤집어주지 않으면서 파티오에서 파치먼트를 더미째 말리는 경우 더미의 가운데는 가장자리와 같은 속도로 건조되지 않아 문제가 되는 상황을 만들 수 있다. 내부의 더 높은 수분은 지속적으로 농도가 낮은 곳, 즉 수분 활동이 높은 곳으로 이동하려는 경향을 보인다.

사진 | 후안 호세 산체스 마시아스

이 둘을 기계식 건조기(mechanical dryer)와 비교하자. 주의 깊게 유지 관리하는 경우, 즉 온도를 낮게 설정하고 회전을 지속적으로 한다면 커피 건조를 위한 최상의 시나리오 중 하나가 될 수 있다.* 그러나 일관되지 않은 연료 공급원을 사용하거나 드럼이 과부하되거나 또는 온도를 높이고 건조 시간을 줄이려는 유혹에 영향을 받는다면 불안정한 결과를 초래할 수 있다. "이상적인" 수분율의 커피라 하더라도 수분 활성도가 높다면 커피의 상미 기간과 품질을 감소시키고 잠재적으로 건강에 위험을 초래할 수도 있다.

로스터에 대한 수분 활성도의 영향

쉬운 이해를 위해 나는 수분 활동이 "S"로 시작하는 세 가지 단어인 안전(safety), 안정성(stability), 슈가 브라우닝(sugar browning)에 영향을 미치는 것으로 생각한다.

안전(SAFETY)

수분 활성도는 20세기 중반부터 식품 안전을 나타내는 표준으로 인정되었다. 윌리엄 제임스 스콧(William James Scott)은 1953년에 수분 활성도 측정이 미생물 성장을 예측할 수 있음을 설득력 있게 증명하였다. 그 이후로 수분 활성도 측정은 곰팡이, 효모 및 박테리아와 같은 잠재적인 문제의 주요 지표로서 대부분의 식품의 수분 함량 측정을 대체했다.

이런 미생물에 대해 설정된 기준은 확고하다. 수분 활성도 범위가 0.60 미만이면 심각한 미생물 증식이 일어나지 않으며 식품은 일반적으로 새로운 오염 가능성이 없는 것으로 간주한다. 상대적 안전성은 약 0.69 수준까지 보장될 수 있다. 따라서 SCA는 수분 활성도가 0.70 이상이면 커피가 더 이상 "스페셜티"로 간주되지 않을 수 있다고 기준을 설정했다.

커피에서 특히 관심을 끄는 것은 마이코톡신(곰팡이 독소)과 오크라톡신을 포함하는 곰팡이 종류다. 커피가 0.78 이상의 수분 활성도를 나타낸다면 곰팡이에 의해 마이코톡신과 오크라톡신이 생성될 수 있지만 커피에서 이런 조건이 생긴다는 것은 극히 드물다는 게 이와 관련한 사실이다. 그 외에도 여러 연구들의 대다수의 샘플에서 검출 가능한 수준의 오크라톡신을 찾지 못했다.

커피 로스터로서, 0.70 상한선은 아마도 대부분의 품질 관리 프로그램에서 지나치게 높은 기준일 것이다. 품질 우려가 되는 다음 단계는 그 아래인 대략 0.60에서 0.69 사이이다. 건강에

---

* 섭씨 45 ~ 50도 / 화씨 113 ~ 122도는 기계식 건조기의 최대 작동 온도로 널리 인정되는 안전 한계다. 많은 연구에서 더 높은 작동 온도가 커피의 세포 구조를 손상시키고 컵 품질에 부정적인 영향을 미치는 것으로 나타났기 때문에 섭씨 35~40도 / 화씨 95~104도가 가장 좋은 범위일 수 있다고 제안한다.

즉각적으로 위험하지는 않지만 상대적으로 높은 수분 활성도가 측정되는 커피는 수분 이동 및 지질 산화와 관련된 품질 손실에 취약하다.

안정성(STABILITY)

커핑 테이블에서 젖은 종이나 판지와 같은 향미는 종종 커피가 상미 기간이 지났다는 것을 나타낸다. 품질 담당자는 때때로 이러한 맛을 "생두 포대와 같은(baggy)"이라고 부르지만 이는 잘못된 명칭이다. 향(aroma)은 커피를 저장하고 운송하는 황마 자루와 비슷하지만 황마에 보관되지 않은 커피도 이와 같은 맛을 낼 수 있기 때문이다. 같은 맛에 대한 다른 용어로는 "바랜(faded)", "오래된(aged)" 및 "패스트 크롭"이 있다.

대부분의 경우 상한선인 0.60은 정상적인 보관 조건에서 수확 후 6개월 이상의 기간 동안 저장 안정성을 예측할 수 있는 편리하고 "느슨한" 한도처럼 보인다(챕터 6에서 자세히 설명).

커피 구매자 또는 재고 관리자로서 수분 활성도를 활용하여 품질 보존 관점에서 의사 결정 과정을 돕는 것은 유용할 수 있다. 커피가 원산지 국가에서 배송되고 PSS가 수분 활성도가 높은 것으로 측정되는 경우 구매자는 추가 건조 시간 또는 빠른 배송을 위해 비용을 지불하거나 더 안정적인 판독값을 가진 다른 커피를 선택할 수 있다. 커피가 최종 목적지 창고에 도착한 후 수분 활성도가 높은 커피를 우선적으로 사용한다면 향미가 사라지기 전에 로스터의 재고를 처리 수 있다.

슈가 브라우닝(SUGAR BROWNING)

커피 로스팅 및 센서리 데이터와 관련된 질적 변화 측면에서 이러한 데이터는 수분 활성도와 관련이 있기 때문에 우리가 할 수 있는 추론과 가정은 확고하지 않다. 공개된 연구에 따르면 수분 활성도가 대략 0.70에 가까워질 때 로스팅 중 마이야르와 같은 갈변 반응의 증가 속도와 가능성에 주목한다.

커피에서 수분 활성도가 더 높은 커피는 새로운 미생물의 성장이나 저장 수명이 단축되는 위험이 늘어나지만 로스팅을 할 때는 흥미로운 잠재력을 가질 수 있다. 소규모로 진행한 결정적이지 않은 실험에서 나는 수분 활성도와 로스팅과 관련한 몇 가지 광범위한 일반 사항들을 관찰했다.

● 수분 활성도가 높은 커피는 로스팅의 초기 단계에 더 느리게 반응하여 더 낮은 터닝포인트 온도에 도달하는 경향이 있지만 활성도가 낮은 커피보다 눈에 띄는 색상 변화에서부터

1차 크랙 사이가 더 빨리 진행될 수 있다.

● 수분 활성도가 0.60 이상인 커피는 수분 활성도가 낮은 커피보다 더 높은 온도에서 크랙이 발생한다.

● 수분 활성도가 높은 커피는 수분 활성도가 낮은 커피의 색상 변화가 적은 것에 비해 로스팅의 최종 색상과 관련하여 시간 및/또는 온도에 더 민감한 반응을 보이는 경향이 있다. 즉, 수분 활성도가 높은 커피는 로스팅 과정에서 로스터의 선택에 따라 색상이 더 다양해지고 여러 향미 프로파일(즉 슈가 브라우닝 및 카본/숯과 같은 노트)을 사용할 수 있다. 이것은 그림

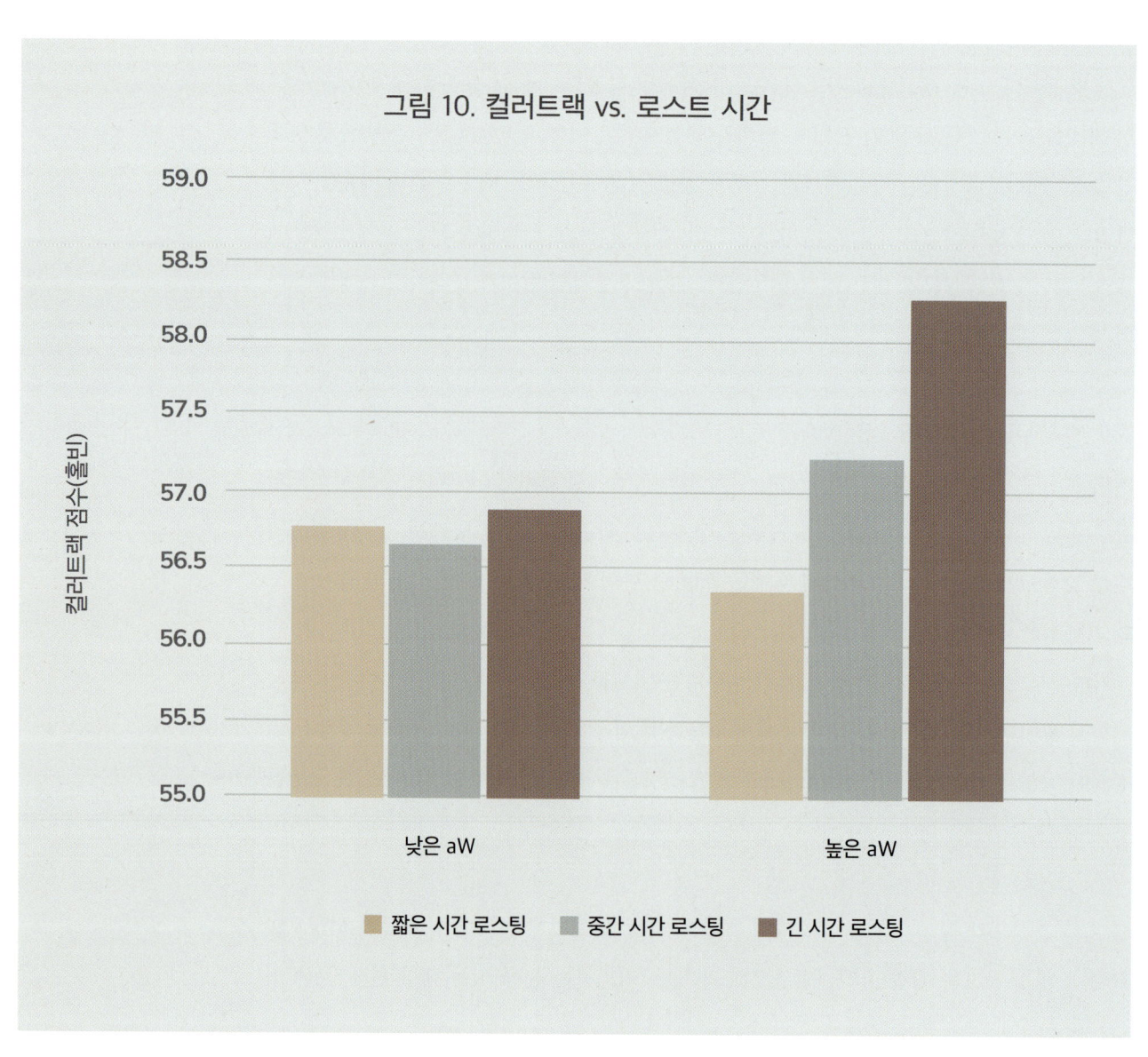

그림 10. 컬러트랙 vs. 로스트 시간

10에서 확인할 수 있는데, 여기에서 서로 다른 산지의 6가지 커피에 세 가지 프로파일을 적용하여 수분 활성도에 따라 그룹화 및 평균화했다: 0.60 이상을 높음으로 했고 0.55 미만을 낮음으로 했다. 로스팅은 이카와(Ikawa Pro V2) 온도 프로파일에서 수행되었고 세 가지 스타일에 따라 일관된 로스팅 온도를 보장하였다.

● 수분 활성도가 높은 커피는 로스팅 변화에 더 민감한 낮은 수분 활성도 커피의 일시적인 산미와 비교하여 로스팅 시간/온도의 변화에 관계없이 컵에 지속되는 관능적 산미 품질을 갖는 것으로 보인다.

결론

로스터로서 무엇을 할 것인가? 글쎄, 선택은 대부분 로스터의 몫이다.

수분 활성도가 높은 커피를 선택하면 흥미로운 향미를 제공할 수 있지만 보관 수명은 더 불안정하다. 수분 활성도가 낮은 커피는 항구에서 항구로 이동하는 동안 또는 장기간 보관하는 동안 커피 고유의 풍미를 더 잘 보존할 수 있다.

수분 활성도가 높은 커피를 로스팅할 때 균형 잡힌 향미 프로파일을 얻기 위해 마이야르 반응 동안 많은 열이 필요하지 않을 수 있지만 로스팅 초기에 더 긴 건조 시간이 필요할 수 있다. 궁극적으로 추가 연구를 통해 이러한 초기 결과를 확고히 할 수 있다고 해도 로스팅 결과물을 맛보는 것을 대체할 수는 없다. 수분율과 수분 활성도에 대한 지식을 바탕으로 로스터는 정보에 입각한 선택을 할 수 있지만 자신의 관능적 관찰을 대체하지는 못할 것이다.

4부: 생두의 시각적 결점

생두의 시각적 결점은 커피 로스팅과 맛에 중대한 영향을 미칠 수 있으며 계약 승인과 해당 랏의 가치 측면에서 재정적 영향을 미칠 수 있다.

생두의 육안 검사는 가공 및 균일성에 대한 단서를 제공한다. 불균일하게 보이는 생두는 다른 날의 랏이 우연히 혼합되거나 의도적으로 혼합된 것일 수 있다. 그러나 다른 방식으로 균일화된 커피 배치에서 일관성이 없는 몇 개의 생두는 거의 항상 작고 특정 개수의 알려진 결점 및 결함(defects and flaws)으로 쉽게 식별할 수 있다.

등급 분류와 제거 방법

원산지 국가에서 결점 제거를 위한 몇 가지 주요 분류 방법이 있다. 파치먼트에서 건조하는 중에 또는 파치먼트를 벗긴 후에 손으로 결점두를 제거하는 것은 많은 커피 생산 국가, 특히 커피 생산의 오랜 전통이 있거나 인건비가 저렴한 지역에서 매우 일반적이다. 숙련된 노동자는 하루에 약 60kg의 커피 한 백을 처리할 수 있다. 어떤 경우에는 컨베이어 벨트를 사용하여 작업 테이블을 따라 커피를 전달하는 방식이 안정적인 생산 속도를 유지하는 데 도움이 된다.

자동 건식 가공소에서 결점두를 제거하는 방식은 일반적으로 두 가지 유형의 기계를 사용한다. 밀도 테이블(density table)은 특정 각도와 주파수로 진동하여 이물질, 부서진 조각, 저밀도 커피를 좋은 것과 분리한다. 광학 색상 분류기(Optical color sorter)는 점점 더 정교해지고 있으며 레이저 및 기타 컴퓨터 기반 기술을 사용하여 지정된 허용 오차 내에서 변색된 커피를 제거한다. 이 기계 중 가장 좋은 것은 변색의 한도와 백 당 허용되는 양에 이르기까지 세부적인 사항도 사용자가 지정할 수 있다. 가장 비싼 대용량 장치 중 일부는 10만달러 이상이 나가지만, 이런 기계는 하루에 수백 개의 백을 처리할 수도 있다.

생두 결점두에 대한 기준은 확립되어 있지만 결점 개수 기준은 시스템에 따라 상당히 다르다. 대부분의 경우 가장 친숙한 시스템은 SCA/CQI 형식, GCA(Green Coffee Association) 척도 및 브라질/뉴욕 방법이다. 분류자는 300~350g의 생두를 사용하여 다양한 결점을 선택하고 분류한다. SCA/CQI는 카테고리 1(심각한 결점, CQI 85+ 스페셜티 등급에서 허용되지 않음) 및 카테고리 2(상대적으로 덜 심각한 결점, CQI 스페셜티 등급에서 최대 5개 허용)로 구분하고 있고, 브라질/뉴욕 방법은 내부 결함(예: 벌레에 의한 손상 또는 조개 껍질처럼 속이 빈 생두) 및 외부 결함(다양한 크기의 막대와 돌의 차이점 유형화)으로 구분한다.*

각 방법에는 고유의 장점이 있는데 SCA/CQI는 향미 영향에 더 중점을 두고 있고, 브라질/뉴욕 방법은 계약을 확보하고 장비를 보호하는 데 도움이 된다. 이번 장에서는 이러한 방법을 사용하여 계산하는 방법에 대한 입문서의 역할을 하기보다는 일반적인 시각적 결함, 원인 및 로스팅 및 컵 품질에 미치는 영향을 강조하는 데 중점을 두려고 한다.**

---

* 조악킴 무투아(Joackim Mutua)의 "Post Harvest Handling and Processing in African Countries"의 부록 7과 스펜서 터너(Spencer Turer)의 "Evolving the Concept of Specialty Coffee: part I - Green Coffee Quality"에서 이러한 결점 등급 지정 방법에 대한 세부 정보 목록을 찾을 수 있다. 로스트 매거진 2020년 1월/2월호 참고.

** 나는 이 장에 포함된 조직과 정보에서 장 니콜라스 윈트젠(Jean Nicholas Wintgen)의 중요한 작업인 "Coffee: Growing, processing, Sustainable production: A Guidebook for Growers, processor, Traders, and Researchers"에 크게 의존했다. 이 책에는 수많은 유용한 주제, 이미지 및 설명이 포함되어 있으며 생두 결함에 대한 아름답고 매우 상세한 섹션이 있다.

커피 가공 전 결점두 문제*

나무에 있는 동안이나 수확 직후에 커피가 손상되는 주요 원인은 벌레, 유전적 결함, 질병, 환경적 요인 또는 인간의 실수다.

커피 베리 천공충(coffee berry borer)과 같은 벌레는 문자 그대로 생두 속으로 직접 파고들어 눈에 띄는 작은 구멍을 남긴다. 주로 까맣거나 갈색으로 변색된 커피는 여러 가지 요인으로 인해 발생할 수 있으며 대부분은 열매가 벗겨지기 전에 발생한다. 서리 피해(frost damage)는 벚나무깍지벌레 혹은 안테스티아와 같은 해충, 커피 베리 질병과 같은 곰팡이류, 심지어 영양 결핍, 과숙 체리 또는 과육 제거 전의 시간 지연 등으로 인해 생두를 검게 만들 수 있다. 시들고 주름지고 밀도가 낮은 커피는 보통 가뭄의 결과다.

더 심각한 가공 전 결함 중에는 퀘이커(quaker)가 있다. 이는 로스팅의 마이야르 단계에서 제대로 반응하지 않는 생두다. 상대적으로 다크 로스팅에서도 퀘이커는 옅은 오렌지색이나 카키색 정도로 눈에 띄며 분쇄하였을 때 썩은 땅콩을 구운 향이 난다.

퀘이커는 주로 덜 익은 커피의 결과다. 덜 익은 녹색의 씨앗은 종종 가장자리가 말려서 "보트 모양"처럼 보인다. 일부 미성숙 생두는 펄핑 전 부유물 선별 탱크에서, 혹은 발효 후 등급 분류 수로에서 제거할 수 있지만, 가공이 시작되기 전에 덜 익은 체리가 육안으로 보일 때 제거하는 것이 훨씬 더 효율적이다. 그렇지 않으면 로스터는 로스팅 후 수작업으로 제거해야 한다.

커피 내 퀘이커의 존재를 복잡하게 만드는 몇 가지 요소가 있다. 대부분의 고급 스페셜티 커피 생산자들은 가공 전에 수작업으로 선별하지만 정부 규정이나 지역 전통이 이런 노력을 방해할 수 있다. 예를 들어 코스타리카 습식 가공소는 납품의 사소한 질적 차이에 관계없이 모든 농부에게 양에 따라 동일한 금액을 지불하도록 요구하는 규칙으로 인해 고품질 수확을 장려하는 데 어려움을 겪었다.

이것은 퀘이커나 코스타리카에만 국한된 문제가 아니다: 협동조합이나 중간 상인 모두 공정하게 지불하고 우수한 품질을 장려하기 위해 고심하고 있다. 중량으로 지불하든 부피로 지불하든, 어떤 형태로든 인센티브가 주어지지 않는다면 최소값 이상으로 분류할 이유가 거의 없다. 수확의 질적 차이나 분류의 차이로 인해 혜택이 고르지 않게 분배되는 경우에도, 예를 들어 열악한 토양이나 고도로 인해 부당하게 불이익을 받을 수 있는 커뮤니티 구성원들 사

---

* 여기에서 보는 사진은 로시 키뇨네스(Rosi Quiñones)가 세심하게 수집하고 목록을 작성했으며 에반 길먼(Evan Gilman)이 사진을 찍었다.

이에 균열이 발생할 수 있다. 쉬운 답은 없으며, "완벽한" 커피를 얻는 것은 복잡한 일이다.

흥미롭게도 분류자들은 파치먼트 상태로 건조되기 전에 껍질을 제거, 발효 및 세척된 커피가 아니라 체리째 건조된(일명 "내추럴" 또는 "건식 가공") 커피에서 퀘이커를 더 많이 찾는 경향이 있다. 어떤 사람들은 이것이 높은 등급의 커피에서 "부유물(floaters)"을 제거하는 세척 가공 과정의 성공을 보여주는 증거라고 주장할 수 있다. 마찬가지로 고가의 워시드 커피는 열매째로 건조되어 최소한으로 가공된 낮은 가격의 커피보다 더 잘 익은 체리를 선택하는 경향이 있다. 잘 분류된 내추럴 커피는 건조되기 전 워시드 커피와 거의 같은 수의 퀘이커가 발견된다.

분류자들이 혼란을 일으키는 또 다른 부분도 있다: 퀘이커는 커피를 로스팅한 후에만 식별할 수 있으며 덜 익은 것으로 식별된 모든 생두가 퀘이커가 되는 것은 아니다. 반대로 모든 퀘이커가 준비된 수출용 생두에서 덜 익은 것으로 쉽게 식별되는 것도 아니다. SCA/CQI 표준은 덜 익은 생두를 소량의 허용 가능한 2차 결점으로 인식하지만 스페셜티 커피에서는 로스팅된 샘플 100그램에서 퀘이커를 전혀 허용하지 않는다.

마찬가지로 퀘이커와 덜 익은 커피의 향미도 다른 경향이 있다. 하나의 퀘이커는 샘플을 오염시켜 평가 테이블에서 컵마다 일관성을 보여주지 않게 하고 땅콩 또는 땅콩 껍질부터 지방이 많거나 기름진 향미까지 나타날 수 있다. 그러나 덜 익은 생두는 일반적으로 신선한 건초나 풀 향이 동반되는 떫은맛과 함께 찌르거나 거친 맛으로 커핑 테이블에서 오랫동안 여겨져 왔다.

이 문제에 대한 해결책은 단 하나다. 가공 및/또는 건조 전에 랏에서 덜 익은 커피 체리를 제거하는 것이다.*

퀘이커 외에도, 생두에서 가장 흔한 가공 전 결점두는 유전적 발달 결함이 있다. 유전적 결함은 피베리, 조개 껍질 콩(Shells, 크기가 큰 엘리펀트 빈(elephant bean)과 혼동하지 않기 위해 때때로 "코끼리 귀(elephant ears)"라고도 함), 삼각형(Triangles) 또는 "삼각꼴" 모양의 형태를 취한다.

커피의 품종이 유전적 결함의 빈도에 영향을 미칠 수 있다. 일화에 따르면 SL-28 및 SL-34 품종(케냐에서 가장 많이 재배됨)이 조개 껍질 콩을 포함할 확률이 더 높은 경향이 있다고 한다. 이 부분에서는 때때로 생두의 유전적 결함이 토양이나 비료 안에 든 인(phosphorus) 성분이 너무 많아 영양적 불균형으로 인해 악화될 수 있다는 이론이 제기되지만, 이에 대해서

---

* 퀘이커에 대해 더 알고 싶다면 앤디 트린들 머쉬(Andi Trindle Mersch)가 로스트 매거진 2008년 1월/2월호에 쓴 유익한 기사를 참고하면 된다.

벌레 먹은 생두(INSECT DAMAGE)

완전 검은 생두(FULLY BLACK)

덜 익은 생두(UNDERRIPE)

퀘이커(QUAKERS)

는 논란이 있다.

라틴 아메리카 일부 지역에서 카라콜(caracol)이라고도 불리는 피베리는 대부분의 커피 중 약 5%에서 발생하는 유전적 이상으로 체리 내부에 하나의 씨앗(대면 쌍이 아닌)이 생기는 것을 의미한다. 남부 잠비아의 마자부쿠(Mazabuku) 농장에서는 일부 수확에서 최대 20%까지 비정상적으로 피베리 발생률이 높았는데, 이는 낮은 고도, 건조한 기후 및 다량의 비료 사용을 포함한 여러 복합적인 요인 때문으로 볼 수 있다.

피베리는 커피 무역 세계의 특정 지역에서 전례 없는 관심을 받고 있다. 미국에서 탄자니아 커피를 마셨다면 그것은 피베리일 가능성이 높다. 이것은 아마도 피베리가 태생적으로 더 높은 밀도를 지녔기에 탄자니아에서 전통적으로 불행한 위험이었던 운송 중 커피의 변색을 피할 수 있었던 것과 관련이 있을 것이다.*

재미있고 동그란 작은 씨앗에 대한 애정은 단순히 시각적인 매력일 수 있다. 피베리는 객관적으로 사랑스럽고 로스팅 전후 모두 기분 좋게 균일한 경우가 많다. 피베리가 더 농축된 풍미를 가질 수 있다는 것은 가능하지만 논쟁의 여지는 있다. 모양, 크기 및 밀도가 일반적인 납작한 콩과 같은 방식으로 열을 흡수하지 않기 때문에 건조 및 로스팅에 어려움은 있다. 작고 동그랗고 조밀해서 로스팅 프로파일을 다른 커피와 조금 다르게 가져가야 한다.

커피는 일반적으로 체리당 두 개의 씨앗을 생산한다. 완전히 익었을 때 이음새가 있는 마주 보는 면이 만나서 평면을 만들기 때문에 플랫 빈(flat bean)이라고 한다. 피베리가 체리당 하나의 생두가 들어있다는 면에서 삼각형 콩과 조개 껍질 콩은 유전적 결함의 다른 면을 나타낸다. 삼각형 콩은 여분의 생두 또는 여러 개의 추가 생두로 인해 발생한다. 극단적인 경우 체리당 8개 이상의 생두가 있는 경우도 있었다. 피베리와 마찬가지로 삼각형 콩은 일반적인 경우와 다르게 로스팅되며 일반적으로 열을 더 빠르게 흡수하여 배치에 약간의 스모키한 이취를 스며들게 한다.

조개 껍질 콩은 아마도 우리가 이야기한 유전적 결함의 생두 중에 로스터에게 가장 큰 골칫거리일 것이다. 이는 거짓 다배아(false polyembryony)로 알려진 현상의 결과다. 다배아는 단순히 하나의 종자 내에서 여러 개의 배아가 발달하는 것을 의미하는 용어이지만 소위 "거짓" 다배아는 두 개의 독립적인 배아가 아닌 비정상적인 이중 배아의 변칙적 발생이다.

이러한 껍질은 밀도가 낮고 껍질을 벗기는 동안 깨지거나 분리되는 경향으로 인해 로스터

---

* 주요 항구 도시인 다르 에스 살람(Dar es Salaam)의 덥고 습한 기후는 커피에 우호적이지 않으며 열악한 도로 상황, 부패한 관료제, 내부 경매 시스템 등 여러 가지 이유로 지연되는 경우가 일반적이다. 때때로 인센티브를 위해 쌀이 급등할 때까지 커피 판매를 유보하는 내부 경매 시스템은 동시에 대량 배송을 유도한다.

기형 생두(MALFORMED)

조개 껍질 콩(SHELLS)

삼각형 콩(TRIANGLES)

에게 문제가 되는데 삼각형 콩과 같이 정상 발달된 콩보다 더 빨리 로스팅되는 경향이 있으며 역시 탄 것과 같은 약간의 이취가 날 수 있다.

많은 경우 건식 가공소에서 적절하게 보정된 밀도 테이블과 스크린 분류기는 피베리, 삼각형 콩 및 조개 껍질 콩을 효과적으로 분류할 수 있다.

가공 중 결점두 문제

가공 중 발생하는 결점은 가장 일반적으로 발생하며 대체로 사람이나 기계적 오류로 인해 발생한다.

매우 빈번히, 생두의 일부가 떨어져 나간 커피(때로는 깨진 생두)가 수출 등급 커피가 되기도 한다. 치핑(Chipping)은 파치먼트 껍질을 벗기는 동안 건식 가공소에서 발생하거나 펄퍼에서 발생하며, 펄퍼의 치핑은 종종 발효 중에 영향을 받은 콩의 일부가 약간 변색이 되도록 만든다. 펄퍼로 인해 손상된 커피의 변색된 부분은 드물게 박테리아 감염으로 이어질 수 있으며, 깨진 원두와 떨어져 나간 조각으로 인해 표면적이 크게 증가한 원두는 가벼운 로스팅 결함을 유발할 수 있다. 그러나 펄퍼나 파치먼트를 제거하는 중에 발생한 사소한 흠집이 심각한 문제를 일으키는 경우는 드물다.

실버스킨(silver-skin) 변색은 발효 및 허니 프로세스 또는 체리 건조 중에 발생할 수 있으며, 그 결과 붉은 색조(때로는 "폭시(foxy)"라고도 함)가 나타날 수 있다. 이는 오직 표면 깊숙이 존재하며 일반적으로 최종 향미에 거의 영향을 미치지 않지만 외관상의 문제로 상품 가치가 떨어질 수 있으며 로스팅 시 평균보다 어두운 채프(chaff)가 발생할 수 있다. 보통 커피 열매와의 접촉이 길어질 때 발생하지만 경우에 따라 발효나 세척과정 도중의 더러운 물도 영향을 줄 수 있으며, 이는 로스팅과 커피 맛에 보다 뚜렷한 영향을 미칠 수 있다.

껍질을 잘못 벗겨 체리에 껍질이 남은 꼬투리(통째로 건조된 체리의 결함을 뜻하는 용어)가 남거나 파치먼트째로 남는 경우는 더 심각한 문제가 된다. 이러한 조건은 때때로 곰팡이 감염을 일으킬 수 있고 제대로 로스팅되지 못할 수 있기 때문이다. 실험을 권장하지는 않지만(파치먼트는 생두보다 가연성이 더 높기 때문), 실험실에서 볼 수 있는 희귀한 껍질을 벗기지 않은 샘플 상태로 로스팅하는 사람들에 대해 들은 적이 있다. 생두에서 파치먼트를 수작업으로 제거하는 것은 지루하고 때로는 고통스러운 작업이며, 이를 경험한다면 수출을 위해 깨끗한 커피를 준비하는데 들어가는 수고로움에 감사함을 가지게 될 것이다.

몇 가지 심각한 결점은 워시드 커피에서 고질적으로 나타나는데, 건조 및 껍질 제거 전에

파손/치핑/컷(BROKEN/CHIPPED/CUT)

이물질(FOREIGN MATTER)

벗겨지지 않음(CHERRY PODS)

파치먼트(PARCHMENT/PERGAMINO)

추가적인 습식 가공에서 생긴다.

껍질 제거 및 발효 후에 사용되는 세척 수로는 커피를 분류하는 첫 번째 단계다. 이 단계에서 덜 익은 생두, 가뭄으로 손상된 커피 및 컵 품질에 부정적인 영향을 미치는 기타 발달 이상과 같은 "부유물(floaters)"을 양질의 고밀도 커피인 "가라앉은 파치먼트(sinkers)"와 분리한다.

커피를 발효하면 갈색빛이 도는 신맛과 "부패취(stinkers)"가 생길 수 있다. 커피는 과발효되어 아세트산 또는 브라이니(briny, 바다 내음과 같은 짠맛)한 아로마와 향미를 발산한다. 종종 이것은 수확 및 가공 사이의 지연, 더러운 발효 탱크, 너무 길거나 너무 짧은 발효 시간, 또는 발효 동안 자주 뒤집어주지 않음으로 일부분에서 과발효가 진행된 결과다. 챕터 3에서 언급했듯이 과발효는 과육에서 씨앗 내부까지 침투하는 미생물의 활동으로 보고 있다.

그러나 가공 유형에 관계없이 가장 심각한 가공에서 문제가 발생하는 대부분은 거의 항상 건조와 관련있다. 수확 후 건조는 품질 보존에서 가장 중요한 단계이며 이 민감한 과정에서 오류가 확대된다.

덜 건조된 커피는 부드럽고 때로는 유연하며 종종 더 짙은 녹색을 띠는 반면, 건조가 중단된 커피는 얼룩이 보일 수 있다. 보통 이러한 커피는 퀴퀴하고, 늪지나 채소의 맛이 난다. 일반적인 경우보다 빠르게 숙성되기 시작하고 판지와 삼베 같은 맛이 난다. 전통적으로 이것은 맛에 대한 심각한 영향에도 불구하고 사람이나 기계에 의해 분류되는 시각적 결함이 아니다.

체리, 껍질을 제거한 파치먼트 또는 길링 바사 방식으로 커피를 건조하는 것은 미생물의 지속적인 활동에 노출된다. 곰팡이, 진균류, 박테리아 및 기타 감염은 젖은 커피가 건조될 때 발생할 수 있으며 특히 건조나 통풍이 원활하지 않을 때 더욱 촉진된다. 일부 곰팡이는 육안으로 확인할 수 있지만 일부 미생물에 의해 손상된 커피는 감자맛 결점과 같이 로스팅할 때까지 식별해내기가 어렵다. 감염이 특히 심한 경우 생두 표면에 갈색 포자가 나타날 수 있다. 불가시광선(black light) 검사는 곰팡이 손상을 발견하는 데 사용할 수 있다. 그러나 이는 껍질 흠집, 덜 심각한 건조 이상 및 기타 심각하지 않은 결점도 강조 표시한다.

통풍이 잘 되는 건조의 중요성은 아무리 강조해도 지나치지 않는다. 이 단계에서 발생하는 결점은 맛이 좋지 않을 뿐만 아니라 수분 및 수분 활성도에 대해 이전 챕터에서 설명한 것처럼 실제로 건강에 심각한 위험을 초래할 수 있다.

라틴 아메리카 일부 지역에서는 과르디올라(Guardiolas)로 알려진 기계식 건조기가 노동집약적이고 기후에 민감한 파티오나 아프리칸 베드 건조의 대안으로 개발되었다. 적절하게 적재되고 온도가 비교적 낮은 열로 유지되면 이 기계는 많은 양의 커피를 효율적으로 회전하고

건조할 수 있다. 그러나 건조기를 관리하지 않으면 커피가 지나치게 건조되기 쉽고, 로스팅할 수 있다 하더라도 옅은 갈색을 띠면서 우디하고 쓴 맛이 나는 "그린" 커피가 될 우려가 있다.

르완다 야마가베
(nyamagabe) 위치한
야루시사(nyarusiza)
워싱 스테이션에서
파치먼트를 분류하는 중
사진 | 크리스 콘먼

보관 중 결점두 문제

커피가 수확부터 배송까지 아무 문제없이 진행되더라도 위험은 여전히 있다. 딱정벌레는 악명 높은 해충으로, 말린 커피를 씹어 먹으며 왕성한 번식을 한다. 저장 중 벌레로 인한 손실이 농장에서 발생하는 커피 베리 천공충으로 인한 손실보다 훨씬 더 큰 경향이 있다. 저장 중에 딱정벌레(또는 황마 백을 먹고 싶어하는 나방이나 벌레)에 감염된 커피는 격리되어야 한다. 어떤 경우에는 위협을 근절하기 위해 전체 생두를 완전히 밀봉하여 산소 공급을 막거나 산소와 접촉을 차단해야 한다.

열악한 조건은 저장 중에 커피가 손상되는 또 다른 주요 원인이다. 덥고 습한 환경은 상미

기간을 단축시킬 수 있다. 특히 습한 환경에서 커피는 물을 재흡수하여 외양뿐 아니라 향미마저 바래질 수 있다. 커피가 제대로 건조되지 않고 생두 내부에서 물기가 썩게 되면 검은 반점이 생길 수 있는 것은 물론 커피 표면에도 곰팡이가 생길 수 있다. 안정적인 보관 조건은 이러한 결함을 쉽게 방지하는 데 도움이 된다(챕터 6에서 자세히 설명).

공급망 전반에 걸친 많은 위험과 마찬가지로 예방 조치는 사후에 대처하는 것보다 훨씬 더 효과적이다. 그것은 로켓 과학과 같이 어렵고 많은 노력을 요하지 않는다. 모범 사례와 세부 사항에 대한 관심이면 가능하다. 각 역할의 담당자들의 원활한 피드백의 고리가 이를 완성한다: 수출/수입업자 및 로스터와 잘 소통하는 생산자와 습식/건식 가공업자는 그들의 기대와 현실의 차이가 어디에 있는지, 그리고 어떻게 개선해야 하는지 더 잘 이해할 수 있을 것이다.

생두 분석 : 결론

커피의 물리적 등급은 주어진 커피의 거래 가치와 센서리 품질 모두에 분명한 영향을 미친다.

수분, 밀도, 스크린 크기 또는 생두의 물리적 결점두 수를 잘 처리하더라도 잘 보정된 장비를 사용하고 세부 사항에 주의를 기울이고 물리적 분석을 사용하여 커핑 점수를 높인다면 제품의 품질과 가치를 전반적으로 향상시킬 수 있다. 궁극적으로 좋은 등급의 커피는 커피 재배자, 거래자, 로스터, 바리스타 및 소비자 모두가 커피 생산 및 소비의 지속 가능성을 개선하기 위해 적절한 가격에 의도한 품질의 커피를 제공받을 수 있도록 한다.

생두 품질에 대한 피드백을 전달할 때 일관성, 철저한 문서화, 커뮤니케이션의 기본적인 품위(챕터 3 참조)를 포함한 모범 사례를 준수하는 것을 잊지 말자.

사진 | 코니 블룸하트

CHAPTER 6

STORAGE

보관

생두는 언제까지 보관할 수 있을까?

이것은 모든 로스터와 수입업자가 답을 알고 있어야 하는 질문이며, 여러 가지 중요한 요소들이 이를 결정한다.

품질 보존의 중요성

일반적으로 알려진 사실은 좋은 조건 하에서 생두는 수확 후 최대 1년 동안 관능적, 물리적으로 좋은 품질을 유지할 수 있다는 것이다. 이 기간은 열악한 환경 조건으로 인해 쉽게 단축될 수 있지만 일부 효과적인 기술을 사용하여 연장할 수도 있다.

또한 생두는 소비자의 건강에 위협이 되지 않으면서 훨씬 더 오래(일반적으로 관능적 품질이 저하된 상태로) 지속될 수 있다는 점을 기억할 필요가 있다. 지금은 "에이징된" 커피가 예전만큼 스페셜티 커피 로스터에게 인기가 있진 않지만 일부 환경에서는 여전히 일반적으로 사용되기도 한다. 그러나 오늘날 대부분의 스페셜티 로스터는 로스팅한 제품의 신선도뿐만 아니라 사용하는 생두의 신선도 역시 중요하게 생각한다.

따라서 적절한 생두 보관은 로스터가 수행할 수 있는 가장 중요한 품질 보존 작업 중 하나다. 좋은 보관 조건은 인증된 커피를 결점 없이 유지할 수 있고, 생두를 안전하게 소비하며, 향미를 보존할 수 있다. 잘못된 보관 방식은 생두가 물리적으로 손상되고 향미가 빠르게 사라지는 원인이 되기도 한다. 몇 가지 일반적인 중요한 이슈를 살펴보고, 로스터가 생두를 잘 활용하기 위한 모범 사례를 따를 수 있는 방법을 살펴보려 한다.

온도

생두를 보관하는 주변 온도는 품질 관리에 중요한 역할을 한다. 고온의 환경은 깨어지기 쉬운 아로마 화합물과 향미가 사라질 수 있기 때문에 생두에 특히 좋지 않다. 고온 조건은 또한 수분 손실을 유발할 수 있으며, 이는 시간이 지남에 따라 향미의 복합성을 없어지게 한다.

낮은 온도도 문제가 될 수 있다. 일반적으로 저온 저장이 고온 저장보다 더 나을 수 있지만 저온 저장(특히 생두를 냉동하는 경우)은 특정 문제를 일으킬 수 있다. 적절한 포장 없이 얼린 커피는 얼음 결정이 생겨 세포 구조를 손상시킬 수 있다. 커피를 얼리려는 로스터는 얼리

사진 | 로열 커피 제공

모든 생두에 문제가
생겨서 도착한 경우
사진 l 로열 커피
제공

기 전에 진공 밀봉하고 해동 직후에 바로 커피를 사용해야 한다. 얼린 커피를 실온으로 되돌리면 품질이 급격히 떨어질 수 있기 때문이다.

상온 온도인 섭씨 10도~24도(화씨 50도~75도) 범위가 창고 보관을 위한 이상적인 온도로, 일반적으로 업계 전반에서 모범 사례로 인정된다.

습도

습도와 온도는 종종 생두 보관에 도움이 되거나 손상시키는데 함께 작용한다. 습도가 높은 환경은 커피 생두 수분의 재흡수를 촉진할 수 있는 반면, 습도가 낮은 환경은 수분 손실을 유발할 수 있다. 습도가 높은 환경은 가장 극단적인 경우 곰팡이 및 기타 미생물이 생두에 영향을 미칠 수 있는 위험한 조건을 조장할 수 있으므로 피해야 한다. 다시 말하지만 습도를 적절히 유지하는 것이 중요하다. 허용되는 표준은 적당한 온도에서 50~60%의 상대 습도 범위다.

ICO는 이러한 범위를 설정하는 데 도움이 되는 과학적 연구를 인용한다.[47] 그들의 견해에 따르면 컵 품질은 70% 상대 습도에서 200일 이상 안정적으로 유지되는 반면 곰팡이가 번식하는 조건은 60% 이하에서 억제된다. 상대습도 80% 이상에서는 위생적 보관의 위험요소가 크게 증가하여 곰팡이의 번식을 촉진한다. 이러한 환경 습도 범위는 커피의 수분 활성도에서 논의한 것과 대략 일치한다.

습도와 온도의 관계는 복잡하며 조금 더 자세히 살펴볼 가치가 있다. 따뜻한 공기는 더 많은 수분을 보유할 수 있으므로 절대적인 것보다 상대적인 용어(백분율)로 환경 습도에 대해 이야기하는 것이 좋다.

온도가 변동하는 조건에서 커피를 보관하면 상대 습도도 유동적인 상태가 된다. 커피 보관의 이상적인 조건은 밤 동안 섭씨 15.5도(화씨 60도)와 60% 습도 정도이지만, 습도를 높이는 추가적인 노력이 없는 상태에서 낮 동안 창고 온도가 섭씨 27도(화씨 80도)로 상승한다면 상대 습도가 크게 떨어지고 그렇게 되면 생두가 건조되어 버릴 가능성이 있다.

따라서 좋은 생두 저장을 위해서는 적당하고 안정적인 온도와 습도가 목표가 되어야 한다.

포장 유형

커피는 전통적으로 황마 백 또는 이와 유사한 식물 섬유(삼베 또는 사이잘삼 등)의 직조 포장으로 배송된다. 섬유질 재료는 저렴하고 만들기 쉽지만 선적 및 보관 환경으로부터 생두를 보호하는 기능은 거의 없다.

최근 커피 포장의 혁신은 크게 개선되었으며 일부 경우에는 식물 섬유 자루를 완전히 대체했다. 그레인프로(GrainPro) 및 에코택트(Ecotact) 포장은 황마 백 안에 삽입되거나 20피트 컨테이너 전체를 정렬하는 데 더 큰 규모로 사용할 수 있는 수많은 플라스틱 백 유형 중에서 가장 인기 있는 두 가지다. 플라스틱은 일반적으로 환경 문제로 인한 유기 물질의 손실을 방지하면서 커피가 "숨을 쉴 수 있도록" 반투과성의 다층 구조로 되어 있다. 내 경험과 여러 사례를 볼 때 이러한 스타일의 포장 사용이 생두의 물리적 및 관능적 품질을 보존한다는 것을 알 수 있다.

2016년에 동일한 조건의 콜롬비아 수프리모(Colombia Supremo)의 4백에 대해 수행한 실험에서 그레인프로에 포장한 커피가 수분 변동이 가장 적고 6개월 동안 가장 높은 컵 점수를 유지했다. 황마 백 안에 그레인프로로 포장한 커피는 관능적으로나 수분 함량 안정성 모두에서 즉각적인 이점이 있었다. 손상되지 않은 황마나 도착 시 황마로 재포장된 그레인프로의 경우에는 마찬가지라고 말할 수는 없었다.

결론적으로 이러한 유형의 포장은 이상적이지 않은 운송 조건에서 유기 물질의 손실을 방지하는 데 도움이 되며 커피의 최적 유통 기간을 몇 달 동안 연장할 수 있다. 내용물을 너무 꽉 채워서 그레인프로 백이 열린 상태가 되면 의도한 보호 효과가 없으므로 전체 양보다 다소 적게 사용하여 이 반투과성 백을 단단히 조이는 것이 중요하다.

생두를 위한 다른 일반적인 포장 방법에는 황마 백용 종이로 만든 포장재와 폴리프로필렌(플라스틱) 및 진공 밀봉 포장과 같은 황마 교체 옵션이 있다. 진공으로 밀봉한 생두는 품질 보존 및 습기 손실로부터의 보호에 탁월하지만 진공 밀봉이 깨지면 커피는 냉동 후 해동된 생두와 마찬가지로 며칠 이내에 사용해야 한다.

일부 로스터는 생두를 저장고에 보관하는 것을 좋아한다. 사일로와 같은 대량 저장 옵션은 더 큰 랏들을 결합하거나 장기간 동안 대량으로 생두를 저장하는 편리한 방법이 될 수 있다. 플라스틱 캠브로(Cambro) 또는 통과 같은 더 작은 옵션은 로스팅 후 남은 생두를 다음날 보관하는 데 도움이 될 수 있으며 이동이 용이하도록 바퀴를 장착할 수 있다. 그러나 이런 보관 용기는 황마보다 더 나은 보호 기능을 제공할 수 있을 지라도 밀폐된 환경을 대신할 수는 없으며 최상의 결과를 위해 열 차단이 되어야 한다.

로스팅 머신이 카페에 있는 경우와 같이 식음료가 제공되는 시설에 생두를 보관하는 경우 생두를 원래 포장 상태로 보관하거나 날짜 라벨이 명확한 식품 등급 용기를 사용하여 보관해야 할 수 있다. 현지 규정에 따라 승인된 식품 등급의 선반에 생두를 담아야 한다.

선반 및 팔레트

커피 백의 선반과 팔레트는 매우 일반적인 보관 방법이며 로스터에게 많은 이점을 제공한다. 대규모의 커피는 지게차를 사용하여 잘 정리된 창고를 통해 쉽게 순환될 수 있으며 생두 사용에 대한 "선입선출" 접근 방식을 실행하고 커피를 안전하게 보관하고 수직 공간 사용을 극대화할 수 있다. 더 작은 규모에서도 팔레트는 공간을 절약하고 커피가 바닥에 떨어지지 않도록 백을 쌓아서 커피 보관을 편리하게 만들 수 있다.

식품 서비스 및 취급 규정은 지역에 따라 다를 수 있지만 Green Coffee Association (GCA)은 모든 창고 규모에서 사용할 수 있는 몇 가지 모범 사례를 설명하는 데 도움이 되는 규칙을 제시한다.[48] 다음을 참고하자.

사진 | 코니 블룸하트

- 바닥에서 최소 4인치(약 10㎝) 떨어진 높이에 커피를 두십시오.
- 팔레트를 깨끗하게 유지하십시오.
- 커피를 벽과 천장에서 24인치(약 60㎝) 떨어진 곳에 두십시오.
- 각 백의 최소 두 면이 검사 및 샘플링을 위해 사용할 수 있도록 보이게 커피를 보관하십시오.
- 커피 더미 사이 간격을 20인치(약 50㎝)로 유지하십시오.

또한 일부 커피(특히 인증된 유기농 커피)는 인증을 유지하기 위해 라벨이 붙은 격리 보관 구역에 따로 저장해야 한다. 유기농 저장을 위한 팔레트, 선반 및 보관 용기는 유기농이 아닌 커피에 사용할 수 없다.

해충 방제

커피는 일반적으로 설치류나 벌레가 가장 좋아하는 음식은 아니지만 해충은 여전히 저장된 커피에 문제를 일으킬 수 있기 때문에 관찰하고 통제해야 한다. 벽에 구멍이 나거나 바닥에 커피를 쏟는 등 감염의 기회를 제공하지 말자. 설치류와 곤충은 생두에 손상을 가할 뿐 아니라 건강과 안전에 위협이 될 수 있으므로 심각하게 받아들여야 한다.

해충 방제 전문가에게 연락하는 것도 해충 문제에 대한 좋은 선택 중 하나다. 그러나 일부 커피(예: 유기농 인증)는 특정 처리에 노출되어서는 안 되며 일반적으로 화학 용액은 모든 커피 주위에서 피해야 한다.

가장 흔한 커피 해충인 곤충의 경우 화학 물질이 필요 없는 몇 가지 해결책이 있다. 감염된 커피는 즉시 격리되어야 하며 산소가 배출되거나 최소한 신선한 공기가 유입되지 않는 밀폐된 환경(예: 그레인프로는 다양한 확장 가능한 옵션을 제공함)에 두는 게 좋다. 사용 가능한 산소가 사라지게 되는 며칠에서 몇 주 안에 해충은 죽게 될 것이다. 더 과감한 방법은 커피를 영하 온도에서 며칠 동안 얼리는 것이다.

내 경험에 따르면 이러한 조건에서 단기간동안 커피를 얼린 후 해동하는 것은 물리적, 관능적 품질에 미치는 영향이 상대적으로 적다. 2018년에 6개의 동결 커피와 6개의 비동결 대조군 샘플과의 실험에서 수분 함량은 동결 및 해동 샘플에서 평균적으로 소수점 한자리의 퍼센트 정도만 감소하였고 오히려 약 6개월 동안의 수분 함량은 냉동 샘플의 경우가 실제로 더 안정적이기도 했다.[49]

그러나 관능적인 측면에서 볼 때 커피를 얼리는 것은 가장 높은 점수를 받은 커피에 즉각적으로 부정적인 영향을 미치며 거의 모든 시간 동안 대부분 커피의 컵 점수에 약간의 부정적인 영향을 미쳤다.

궁극적으로 소비자 등급보다 우수한 냉동고에 밀폐된 백 안에 담긴 생두를 얼리는 방법은 커피를 오랜 기간 보관할 때에 향미를 보존할 수 있는 좋은 방법이다. 그러나 단기간(예: 수확 후 최대 약 1년) 동안 동결하는 방법은 로스터에게 가시적인 이점을 제공하지 않을 수 있다.

몇 가지 다른 흔하지 않은 문제

모든 커피 상황을 통제하는 것은 로스터의 능력 밖의 일이라고 하더라도, 공급망의 다양한 단계(당신의 거래 조건을 확인하라)에서 위험과 책임을 인식하는 것은 가능하며 문제 상황이 발생한 경우 이를 원만하게 해결하도록 도움을 줄 수 있는 공급업체와 침착하고 명확하게 소통할 수는 있다.

다음은 과거에 경험한 드물게 일어난 문제들의 몇 가지 예시다.

벌레로 인한
커피 결점
사진 | 에반 길먼

물 피해

144페이지 사진과 같이 컨테이너가 운송 중 물에 잠긴 적이 있다. 커피 중 일부는 사용할 수 있었지만(진공 포장을 사용한 경우), 일부는 완전히 손실되었다. 보험은 (재정적으로) 치명적인 손실을 보상하지만, 커피의 손상으로 이행하지 못한 계약에 대한 빠른 대체물을 찾아야 하는 상황에 놓이게 된 어려움까지 복구되는 건 아니다. 커피가 젖지 않도록 하자!

운송 손상 및 지연

또 다른 컨테이너는 오클랜드 항구에서 로열 커피의 창고로 가는 중이었는데 컨테이너 운송을 담당하는 제3자 트럭 회사에서 문제를 보고해 왔다. 노선 어딘가에서 작업자가 장비를 이중 점검하지 않았고 차 몸통이 트럭에서 분리되면서 컨테이너가 손상되고 약간의 커피 손실이 발생했으며 며칠간 운송이 지연되었다.

　이와 같은 사소한 지연은 일반적으로 큰 품질 문제가 아닐 수 있지만 전체 공급망에 걸쳐 지연이 누적되기 시작할 수 있다. 지연이 누적되면 생두의 수분과 같은 주요 지표만큼, 우수한 포장 또한 잘 보관된 제품과 물리적 또는 관능적 손실을 입은 제품과의 도착 시 차이를 만들어 낼 수 있다.

폭우와 같이 열악한 환경 요인에 노출되거나 제대로 건설되지 않은 좁은 도로는 심각한 운송 문제를 일으킬 수 있다. 한 번은 운송 차량의 정면 충돌 사고로 인해 커피가 손상되고 부서졌으며 배송 지연이 생겼을 뿐만 아니라 사람들이 다치기까지 하였다.

해당 사례는 길고 긴 공급망 안에서, 나무의 열매에서 한 잔의 컵으로 커피가 전달되기까지 수많은 사람들이 관여하고 있기에 항상 예상치 못한 일이 발생할 할 수 있다는 것을 상기시켜 주는 또 하나의 계기였다. 그렇기 때문에 우수한 보관책을 준비하고 공급 파트너와 정기적인 연락을 하는 것이 최소한의 예상치 못한 상황을 완화하는데 도움이 될 것이다.

탄자니아 남부에서
커피 운반 중 생긴 사고
사진 | 크리스 콘먼

CHAPTER 7

CAFFEINE
and
DECAFFEINATION

카페인과 디카페인

카페인, 그 효과, 디카페인의 유래

카페인은 주로 곤충에 대한 방어 기제로 60종 이상의 식물에서 자연적으로 발생한다. 흔히 커피, 찻잎, 콜라 열매(kola nuts) 및 카카오 꼬투리에서 발견된다(초콜릿 전문가들은 카카오의 주요 자극제가 테오브로민이라고 지적할 수 있다). 커피에서 로부스타 종은 아라비카보다 약 2배 많은 양의 카페인이 들어 있다. 예를 들어 라우리나(Laurina) 품종(부르봉 포인투(Bourbon Pointu)라고도 함)과 유제니오이디스(eugenioides) 종은 모두 자연적으로 카페인 농도가 낮다. 두 품종 모두 널리 상업적으로 이용되지는 않지만, 단맛이 있고 자연적으로 낮은 산도를 가지며 뾰족한 축구공 모양의 씨앗을 가지고 있다.[50][51]

카페인은 저명한 정치가이자 시인인 요한 볼프강 폰 괴테(Johann Wolfgang von Goethe)로부터 커피(아마도 예멘에서 볶은 콩으로 추정됨)를 선물받은 독일 화학자 프리드리브 페르디난트 룽게(Friedlieb Ferdinand Runge)에 의해 처음으로 분리되고 명명되었다.[52] 순수한 형태의 카페인은 자연적으로 발생하고 일반적으로 식물에서 추출한 질소를 함유한 고pH 화합물의 일종인 알칼로이드로 식별되며 쓴맛이 나는 흰색의 수용성 분말이다. 대부분의 알칼로이드(예: 모르핀, 니코틴, 코카인, 퀴닌 및 스트리크닌)와 마찬가지로 인간에게 심오한 심리적 효과를 나타내지만 반대로 섭취에 대한 규제는 거의 없다.

평균적인 커피 한 잔에 들어가는 카페인의 양은 매우 다양할 수 있다. 최근 연구에 따르면 던킨 도넛 매장의 16온스 컵 커피는 스타벅스 매장의 같은 크기의 컵보다 100밀리그램 적은 카페인을 함유하고 있다.[53] 그리고 같은 스타벅스 매장에서 이틀 연속 주문한 동일한 블렌드 커피 역시 상당한 차이를 보였는데 첫 날 아침에는 250밀리그램의 카페인이 들어 있었고, 다음날에는 500밀리그램 이상이 나왔다. 이것은 추출 방법의 차이로 볼 수 있다: 더 강하고 농축된 브루잉 커피는 더 많은 양의 카페인을 포함할 것이다.

한편 카페인의 내성은 개인차가 매우 크며 섭취 방법에 따라서도 다르다. 최근 연구에 따르면 카페인의 효과는 수면을 취하지 않은 약 10시간에 가장 극적인 효과를 보이기 시작하여 24시간에는 최고조에 달했으며 약 40시간이 넘어가면 플라시보(placebo) 효과만 있는 것으로 나타났다.[54] 커피는 밤을 새우는 첫날에는 집중에 도움을 줄 수 있지만 이틀 연속으로 이어지면 그 효과는 지속되지 않을 것이다.

적당한 섭취를 전제로, 카페인의 효과는 일반적으로 수면 회복력을 억제하지 않으면서 주의력, 생산성 및 사교성을 높여 삶의 질에 긍정적인 영향을 미치는 것으로 간주된다.[55] 그러나 카페인은 섭취 후 신체의 도파민 생성 증가를 유발해 다소 내성이 생길 수 있으며, 과다

사진 | 볼로르 에르덴바트, 로열 커피 제공

섭취는 불안과 메스꺼움을 야기할 수 있다. 카페인을 다량 복용 시 인체에 치명적일 수 있지만,[56] 해당 양을 섭취하기 위해선 체중 1kg당 약 한 컵의 커피가 필요하며, 이는 한 번에 무의식적으로 우유 1갤런을 섭취하는 것만큼 가능성이 거의 없다.

디카페인 커피는 현재 소비 시장의 약 12%를 차지하지만,[57] 카페인 없이 커피를 마시고자 하는 욕구는 새로운 것이 아니다: 상업적으로 성공한 최초의 디카페인은 100년 전에 루드비히 로셀리우스(Ludwig Roselius)에 의해 생산되었다. 독일에 위치한 그의 회사인 카피 하그(Kaffee HAG)의 디카페인 브랜드 산카(Sanka)는 1906년에서 1914년 사이 유럽 시장에 등장한 후 곧바로 미국에 진출했다.[58] 로셀리우스는 화학 용매를 통해 커피에서 카페인을 제

콜롬비아 생두– 위: 기존의 카페인 함유, 디카페인 처리: (왼쪽) 마운틴 워터 프로세스(Mountain Water Process), (중앙) 스위스 워터 프로세스(Swiss Water Process), (오른쪽) 에틸아세테이트(Ethyl Acetate) **사진 |** 볼로르 에르덴바트

거하는 최초의 주요 수단을 발명한 것으로 알려져 있다. 그가 선택한 화학 물질은 벤젠으로, 현재 독성이 강하고 인화성이 매우 높은 것으로 알려져 있어 디카페인 공정에서 사용이 중단되었다. 오늘날 가장 흔히 사용되는 두 가지 화학 물질은 에틸아세테이트와 염화메틸렌(디클로로메탄 또는 DCM이라고도 함)이다.

카페인 제거에 사용되는 화학 물질

로스터는 에틸아세테이트 및 염화메틸렌과 같은 용매에 대해 우려할 수 있지만 실제로 소비자에게 미칠 위험은 거의 없다. 그러나 특히 염화메틸렌에 대해서는 좀 더 광범위한 의미로 논의해 볼 가치가 있다.

염화메틸렌(METHYLENE CHLORIDE)

염화메틸렌(CH_2Cl_2)은 해조류 및 기타 정상적인 환경 과정에서 생성된 화산 분출물과 해양에서 자연적으로 발생하는 것으로 밝혀졌다.[59] 실온에서는 액체처럼 휘발성을 띠며 몇 시간 또는 며칠 만에 쉽게 증발한다. 생분해되지는 않지만 증기로서 약 5개월의 반감기를 가지며, 햇빛과 대기 속 하이드록실 라디칼(hydroxyl radicals)이 풍부한 경우에는 분해된다. 최근 몇 년간 염화 메틸렌의 수명과 대기 중 농도 증가는 지구 오존층의 치유를 늦추는 요인으로 여겨지고 있다.[60]

염화메틸렌은 천연 자원에서 효율적으로 얻을 수 없기 때문에 화학 물질을 산업적으로 사용하기 위해 합성물로써 생산하게 되는데 이때 일반 소비자 사용에 금지된 두 가지 화학 물질의 부산물인 클로로포름(알려진 발암 물질)과 사염화탄소(고효능 간 독소 및 발암 가능성 있음)가 생성된다.

그 자체가 발암물질로 의심되는[61] 유해 폐기물인 염화메틸렌은 호흡기로 흡입하거나 피부를 통해 흡수될 때 건강에 해로운 영향을 미치는 것으로 알려져 있다. 미국 직업안전 위생 관리국(OSHA, Occupatinal Safety and Health Administration)은 직업상 대기 중 단기 노출(15분)의 한계를 125ppm까지로 제한하고 있으며 미국 식품의약국(FDA, Food and Drug Administration)은 커피에서의 검출 허용량을 10ppm으로[62] 규제하고 있다(다수의 연구에서 진행한 수많은 샘플에서는 1ppm 이하의 결과만이 산출되었다).

콜롬비아 생두 -
(왼쪽) 마운틴 워터
프로세스,
(왼쪽 중앙) 스위스 워터
프로세스,
(오른쪽 중앙) 에틸
아세테이트,
(오른쪽) 기존 카페인 함유
사진 | 볼로르 에르덴바트

염화메틸렌이 디카페인 소비자에게 극히 낮은 위험도를 가지고 있다는 것을 재차 언급하는 일은 중요하다. 만약 잔류 용매가 커피에 남아 있더라도 이는 휘발성이 강해 저장 과정이나 로스팅하는 동안 배출 가스로 증발해버린다. 염화메틸렌이 즉각적인 위험을 주는 경우는 염화메틸렌 생산 공정에서의 환경적인 영향과 염화메틸렌 생산 및 사용 공정에서 이를 다루는 사람들의 건강에 미치는 영향으로 제한된다.

2019년 미국 환경 보호국(U.S. Environmental Protection Agency)에서는 염화메틸렌을 소비자 등급의 페인트 제거제에 사용하는 것을 금지했는데, 해당 공고에서는 염화메틸렌의 노출과 관련된 우려로 "급성 사망"을 초래할 수 있다고 언급했다.

이에 국가 비영리단체인 CLP(Clean Label Project)는 "디카페인 커피의 염화메틸렌 내성은 35년 동안 연방 정부에서 재평가되지 않았다."고 주장하는 보고서를 발표했다.[63] 보고서에서는 소량의 염화메틸렌이 함유된 커피를 판매하고 있는 여러 로스팅 브랜드를 발표하였는데 이 중에는 농도가 90ppb(parts per billion)를 초과하는 제품도 포함되어 있었다.

CLP의 보고서에 발표된 최고 수준의 양은 10ppm(10,000 parts per billion)으로 디카페인 커피에 대한 (비록 오래되었을지라도) EPA 제한보다 여전히 100배 더 낮은 노출 농도를 나타낸다. 이러한 상한선은 어떤 방식으로도 "안전한" 것으로 여겨져서는 안 되지만 로스팅된 커피에는 매우 낮은 농도라는 사실은 변함없다.

에틸아세테이트(ETHYL ACETATE)

반대로 에틸아세테이트는 자연에서 흔히 발견되며 아세트산과 에틸알코올의 가열된 조합으로 증류시켜 만들 수는 있으나 이렇게 합성하는 경우는 드물다. 곤충에 유독하고 사람에게 자극을 주지만 OSHA의 허용 노출 한계는 약 400ppm으로 염화메틸렌보다 훨씬 높은 임계값을 갖는다. 단, 에틸아세테이트는 20,000ppm 이상의 매우 높은 농도에서는 치명적이다. 일부에서는 염화메틸렌 디카페인보다 맛의 질이 떨어지는 것으로 간주하였으며 에틸아세테이트의 사용은 일반적이지 않았고 한때는 더 비싸기도 했다. 에틸아세테이트 디카페인 커피는 보다 매력적인 "사탕수수" 공정이라는 이름으로 더 알려져 있는데, 발효 및 증류 설탕이 에탄올의 주요 산업 공급원 중 하나이기 때문이다.

카페인 제거 방법

이 화학 물질들은 어떻게 카페인을 제거할까? 기본적으로 직접(로셀리우스의 원래 방식)과 간접으로 알려진 두 가지 방법이 있다. 둘 다 물질이 농도가 높은 영역에서 낮은 영역으로 이동하는 물리학 원리인 확산을 이용한다.

직접 용매를 사용하는 디카페인에서 커피는 수화되고(증기, 침지 또는 두 가지 모두) 액체 화학 물질로 반복적으로 헹구어진다. 이때 커피는 에틸아세테이트 또는 염화메틸렌과 직접 접촉하기 때문에 "직접"이라는 용어를 사용한다. 매 통과마다 카페인이 들어 있는 용매를 증류하여 카페인을 제거한다. 커피가 물로 세척되고 다시 건조될 준비가 되기까지 이 과정을 반복한다.

보다 일반적으로 사용되는 간접 방식은 커피를 따뜻한 물에 담근 후 배출된 액체에 화학 용매를 첨가해 카페인을 제거하는 방법으로, 커피 자체와 직접 접촉하지는 않는다. 디카페인 커피 추출물 액체를 증류하여 용매를 제거한 다음 원래 커피에 다시 주입하여 생두에 향미를 재포화한다. 커피에서 카페인이 충분히 제거되고 다시 건조할 준비가 될 때까지 반복한다.

경우에 따라 간접 방식은 따뜻한 물에 커피 고형분(카페인을 제외하고 커피를 구성하는 모든 것)을 사전에 담가 두는 것이다. 이 방법에서 물은 "커피 물질"로 너무 포화되어 (이론적으로) 카페인이 제거된 커피 콩의 화합물은 물에 흡수되지 않고 카페인만 추출된다. 이 간접 방식을 사용하면 커피 고유의 향미 성분을 모두 유지하기 때문에 커피를 재포화시킬 필요가 없다.

수처리(Water-processed) 디카페인 방식은 간접 방식과 동일한 방식으로 물에 담긴 커피 고형물을 이용하는 것으로 시작한다. 다만 커피가 추출된 물이 커피의 카페인을 흡수한 후 간단히 필터를 통해 카페인이 포함된 액체를 통과시키는 점이 다르다. 예를 들어 스위스 워터(Swiss Water) 사의 특허 공법에서 사용하는 필터는 활성탄이다. 이 추출 방식은 합성 용매를 사용하지 않기 때문에 효율성이 떨어지며 일반적으로 가격이 더 비싸다.*

질적으로도 우수하지 못하고 엄청난 비용이 따르는 것으로 오랫동안 여겨진 또 다른 디카페인 방식이 있다. 초임계 이산화탄소 디카페인 방식은 CO_2를 정상 대기압의 약 300배 수준으로 가압하여 작동한다. 이 높은 압력에서 이산화탄소는 액체 용매처럼 작용하며 직접 방식과 유사한 원리로 커피를 통과하여 카페인을 제거할 수 있다. 모든 방법에는 몇 가지 상수가 있다.

● 커피는 사전에 수화되어야 하며 나중에 다시 건조시켜야 한다.

● 카페인은 높은 농도(커피)에서 낮은 농도로 (때로는 용매의 도움으로) 이동한다.

● 카페인은 100% 미만으로 제거된다. 미국 기준은 97%이며, 이는 디카페인 커피의 평균 6온스 컵에 약 10밀리그램의 카페인이 포함될 수 있음을 의미한다.

● 대부분의 방식에서 카페인은 이차적인 이익을 위해 회수된다(예를 들어 콜라에 들어갔을 수 있음).

● 커피의 질은 변하지만 처음부터 좋은 커피를 사용하면 더 나은 결과를 얻을 수 있다.

---

* 여기에 제공된 정보를 명확히 하는 데 도움을 준 스위스 워터(Swiss Water)의 커피 책임자 마이크 스트럼프(Mike Strumpf)에게 감사를 표한다.

CHAPTER 8

FINAL
THOUGHTS

결어

생두에 대한 전문적 지식은 우수한 로스터 또는 품질 전문가가 되기 위한 전제 조건이다.

생두에 대한 기존의 논의는 종종 스크린 크기, 수분 함량 및 물리적 결점두 개수로 범위가 한정적이었지만, 이러한 각 지표들의 미묘한 차이는 추가적인 유형 및 무형 정보들이 늘어남에 따라 생두를 구매, 관리 및 로스팅하는데 있어서 균형 잡힌 접근 방식을 제공할 수 있다.

내 경험에 따르면 전통적인 측정을 넘어서는 생두 품질에 대한 이해를 넓히기 위한 두 가지 훌륭한 방법이 있다. 물론 로스팅되고 브루잉된 최종 제품을 시음하는 것 역시 중요하다.

내가 항상 가장 먼저 하는 일은 생두를 한 움큼 들고 자세히 관찰하는 것이다: 생두의 색깔, 실버 스킨의 존재와 색상, 손으로 체감되는 상대적인 무게, 그리고 크기와 모양에 주목한다. 이런 것과 물리적 지표들이 연결될 수 있을까? 전적으로 그렇다. 나는 컵 프로파일을 포함한 실제 데이터와 나의 초기 관찰을 비교하려고 노력하고, 패턴을 알아차리기 시작한다.

둘째로는 로스팅 초기 몇 분 동안 생두가 어떻게 변화하는지 자세히 관찰하는 것이다. 건조 단계는 믿을 수 없을 정도로 지루해 보이지만 특히 녹색이 노란색으로 변하고 마이야르 반응으로 밝아지기 시작하면서 많은 일이 일어나게 된다. 개별 생두의 표면뿐만 아니라 배치 전체의 균일성 또는 불균일성에 주목하자. 색상이 흐릿하거나 선명한지, 색이 변화하는 속도, 그리고 이러한 변화가 일어나는 온도와 시간을 관찰하자. 이런 가벼운 관찰들을 측정 가능한 통계들로 기록함으로써 각 요소가 의미하는 바가 무엇이며 객관적인 품질 및 개인 선호도와 어떤 관련이 있는지에 대한 개인적인 데이터베이스를 구축할 수 있다.

물리적 측정과 관찰을 넘어 커피가 재배되고 취급되는 조건과 프로세스를 이해하면 거래, 관계, 품질, 로스팅 및 보관에 대한 보다 나은 결정을 내릴 수 있다.

로스팅되지 않은 커피가 지닌 복합성이란, 전체적인 이해를 바탕으로 미묘한 차이를 학습하는 방식을 통해 생두를 공부하는 학생이 올바른 결정을 내리도록 준비시킬 수 있다는 것을 의미한다. 다시 말해 근거 없는 일반화나 불필요하게 제한적인(또는 잘못된) 분류나 범주의 정보에 쉬운 답을 맞추려고 애쓰는 것보다, 정확한 정보에 입각한 결정을 내릴 수 있도록 더 잘 준비시킬 수 있다는 것이다.

독립적으로 바라본 이 책의 각 요소들은 학생이나 전문가를 더욱 뛰어난 장인이 되도록 만들 수 있지만, 전체적으로 보면 이러한 요소들은 부분의 합을 넘어설 수도 있다. 이를 통해 커피의 성장과 가공, 취급, 무역 및 로스팅을 담당하는 사람들과 각 주제에 대해 호기심을 가지며 깊은 대화를 이어갈 수 있다면 말이다.

상업적 기업 운영 이면의 학습 기회는 실제 상황에서 사람들을 대할 때 중요한 질문을 하는 방법을 포함한 더 좋은 질문과 결정을 하도록 정보를 얻게 한다. 나는 여러분이 커피를 배

생두
사진 | 코니 블룸하트

우는 학생일 뿐만 아니라 공급망 내 지속되는 관계 속에서도 배우고 성장하는 학생이 될 것을 권한다. 실질적인 사안들을 안다는 것은 기술과 최종 제품을 개선하는 데 무엇이 필요한지를 이해하는 것과 같다.

궁극적으로, 생두의 복합성을 이해하고자 하는 사람들에게 있어 공급망 내에서 관계를 맺고, 경험해가며, 신뢰할 수 있는 동료들의 회사와 함께 일하고, 탐구적으로 사고하는 것보다 더 좋은 자원은 없을 것이다.

저자 소개

크리스 콘먼(CHRIS KORNMAN)은 베테랑 커피 품질 전문가, 작가 및 연구원이며 캘리포니아 오클랜드에 있는 "The Crown: Royal Coffee Lab and Tasting Room" 의 교육 책임자다. 그는 커피 등급, 로스팅, 생두 수급, 여행 및 틴커링에 대한 광범위한 경험을 가지고 있다.

옮긴이의 글

스캇 라오(Scott Rao)는 그의 책《The Coffee Roaster's Companion》에서 "나는 아주 예외적으로 탁월한 로스팅 배치들이 보여주는 데이터가 커피콩이나 로스팅 머신과는 관계없이 일정한 패턴을 따른다는 것을 깨달았다."라고 했습니다. 이 표현처럼 저를 비롯한 많은 로스터는 자신의 체계에 따라 고유한 프로파일을 만들어 적용시키는 일을 합니다. 로스터의 업무란 이런 일이지요.

그런데 이게 전부일까요?

결국 재료를 뛰어넘는 로스팅은 불가능하다는 건 로스터라면 모두 경험하는 사실입니다. 그렇다면 결국 생두를 알아야 로스팅을 잘할 수 있다는 결론에 이르게 됩니다. (바리스타도 마찬가지겠지요.) 그래서인지 크리스 콘먼은 이 책을 "'고도(Godhot)' 로스터에 처음 가스를 주입했을 때, 또는 품질 관리 연구소에서 샘플 상자를 처음 열었을 때 만나고 싶었던 책"이라고 소개합니다. "생두를 맞이할 로스터에게 주는 가이드"라고 하면서요.

이 책은 생두와 관련한 체계를 잡아줍니다. 많은 사람들이 가공 방식, 결점두, 수분활성도 등에 대해 막연하고 파편적인 지식을 갖고 있을 수 있는데, 이 책은 전체 숲을 통해 나무를 보고, 그 나무의 상태가 어떤지 알 수 있게 도와줍니다.

또한 각 항목별 이슈도 빠짐없이 서술했습니다. 따라서 커피를 처음 접하는 초심자에게도, 커피 대통령의 칭호가 어울리는 베테랑에게도 먹을거리가 충분한 책입니다. 저자가 스크린 크기를 이야기하면서 제안하듯이 같은 농장의 동일한 생두를 크기별로 로스팅을 한 후 일반적인 로스팅과 비교해 보자는 제안은 커피를 능숙하게 다루는 분들이 흥미로워할 만한 주제가 아닌가 싶습니다.

이런 이유로 저는 커피하는 분들께, 특히 로스팅을 하며 생두를 태워 먹어 마음까지 새카매지는 나날을 보내는 많은 로스터들께 도움이 되는 책을 번역하고 감수했다는 뿌듯함을 느낍니다. 물론 <기센코리아>의 김동원 님과 노혜주 님 덕분에 가능한 일이었지만요. 일정에 맞게 작업물을 받아내는 일에서부터 그 작업물을 다듬는 일까지 가장 중요한 일을 훌륭하게 감당해 주셨습니다.

모쪼록 이 책을 계기로 우리들의 커피 인생이 좀 더 깊어지길 기도합니다.

프릳츠컴퍼니에서 로스팅하는
김도현

Endnotes

1. Anthony, F., et al. (2002). The origin of cultivated Coffea arabica L. varieties revealed by AFLP and SSR markers. *Theoretical and Applied Genetics, 104(5), 894–900.* https://doi. org/10.1007/s00122-001-0798-8

2. Davis, A., et al. (2019, January 16). *High extinction risk for wild coffee species and implications for coffee sector sustainability.* Science Advances. https://www.science.org/doi/10.1126/ sciadv.aav3473

3. Weiss, B. (1996). *The Making and Unmaking of the Haya Lived World: Consumption, Commoditization, and Everyday Practice (Body, Commodity, Text)* (Illustrated ed.). Duke University Press Books.

4. Topik, S. (October 2013). *The Making of a Global Commodity | Part 1: Out of Arabia.* The Specialty Coffee Chronicle.

5. Weinberg, B. A., & Bealer, B. K. (2002). *The World of Caffeine: The Science and Culture of the World's Most Popular Drug* (1st ed.). Routledge.

6. Pelish, A. (2014, December 10). *The Stimulating History of Coffee: Why You Hear This Word Around the World.* Slate Magazine. http://www.slate.com/blogs/lexicon_valley/2014/12/10/ coffee_cognates_arabic_qahwah_turkish_kahve_and_other_cross_linguistic_ borrowings.html

7. Caton, S. (2013). *Yemen (Middle East in Focus).* ABC-CLIO.

8. Weinberg, B. A., & Bealer, B. K. (2002). *The World of Caffeine: The Science and Culture of the World's Most Popular Drug* (1st ed.). Routledge.

9. *Arabië; Mocha.* VOC Site. http://www.vocsite.nl/geschiedenis/handelsposten/mocha.html

10. Ebert, A. W., et al. (2007). *Securing Our Future, CATIE's Germplasm Collections.* Turrialba.

11. Zwaardecroon, H. (1911). Introduction to *Memoir of Hendrick Zwaardecroon.* H. C. Cottle, Government Printer, Ceylon. Colombo.

12. Ukers, W. H. (1922). *All About Coffee.* New York, Tea and Coffee Trade Journal Company.

13. Topik, S. (2004). *The World Coffee Market in the Eighteenth and Nineteenth Centuries, from Colonial to National Regimes.* Department of History, University of California, Irvine.

14. Kahin, A. (2015). *Historical Dictionary of Indonesia, Third Edition.* Rowman & Littlefield.

15. Wienhold, K. (2021). *Cheap Coffee: Behind the Curtain of the Global Coffee Trade* (1st ed.). Roast Magazine.

16. Lenaghan, T. (2018, July 12). *Burundi Coffee Sector: Strategic Policy Analysis.* https://www. researchgate.net/publication/329130289_Burundi_Coffee_Sector_Diagnostic_Study

17. Charles, D. (2016, February 26). *Caffeine For Sale: The Hidden Trade of The World's Favorite Stimulant.* National Public Radio. https://www.npr.org/sections/ thesalt/2016/02/26/467844829/inside-the-anonymous-world-of-caffeine

18. Salzber, S. (2013, September 9). *Dr. Oz Tries to Do Science: The Green Coffee Bean Experiment.* Forbes. https://www.forbes.com/sites/stevensalzberg/2013/09/09/dr-oz-tries-to-do-science/#1ed11fb84218

19. Pastore, R. (2021, April 26). *Green Coffee Bean Extract Probably Won't Help You Lose Weight.* Popular Science. https://www.popsci.com/science/article/2013-06/green-coffee-bean-extract-probably-wont-help-you-lose-weight/

20. Daly, A. (2014, October 22). *Researchers Admit Green Coffee Bean Extract Weight-Loss Study Was Bogus.* Women's Health. https://www.womenshealthmag.com/weight-loss/a19953436/bogus-coffee-weight-loss-study/

21. Brown, N. (2015, November 3). *Moving Forward with Arabica's Troubling Lack of Genetic Diversity.* Daily Coffee News by Roast Magazine. https://dailycoffeenews.com/2015/09/14/moving-forward-with-arabicas-troubling-lack-of-genetic-diversity/

22. A single polyploidization event at the origin of the tetraploid genome of Coffea arabica is responsible for extremely low genetic variation in wild and cultivated germplasm. Michele Morgante (Istituto di Genomica Applicata, Udine, Italy)

23. *A comprehensive analysis of operations and mass flows in postharvest processing of washed coffee.* (2021, July 1). ScienceDirect. https://www.sciencedirect.com/science/article/abs/pii/S0921344921001610

24. de Bruyn, F., et al. (2017). Exploring the Impacts of Postharvest Processing on the Microbiota and Metabolite Profiles during Green Coffee Bean Production. *Applied and Environmental Microbiology, 83*(1). https://doi.org/10.1128/aem.02398-16

25. Center for Food Safety and Applied Nutrition. (2018, October 22). *Use of the Term Natural on Food Labeling.* U.S. Food and Drug Administration. https://www.fda.gov/food/food-labeling-nutrition/use-term-natural-food-labelingwww

26. Lonzarich, V. (2021, July 1). *The role of ethyl esters in green coffee: flavor or off-flavor precursors?* [Seminar]. ASIC Conference, Montpellier, France.

27. Bytof, G. (2021, July 1). *Coffee postharvest—a crucial processing step for maintaining green coffee quality—or even more?* [Seminar]. ASIC Conference, Montpellier, France.

28. Lakshmi, G. (2013, May). *"OCHRATOXIN A": Evaluation of Methodologies for Determination of Ochratoxin A in Food Commodities, Contamination Levels in Different Products Available in the US Market and Evaluation of Fungal Microbiota Associated with Some of the Products.* University of Nebraska, Lincoln, Food Science and Technology Department. https://digitalcommons.unl.edu/cgi/viewcontent.cgi?refer=&httpsredir=1&article=1033&context=foodscidiss

29. Food and Agriculture Organization of the United Nations. (2006). *Enhancement of Coffee Quality through the Prevention of Mould Formation.* FAO. http://www.fao.org/fileadmin/user_upload/agns/pdf/coffee/FMR2006.pdf

30. International Coffee Organization. (2009, September 30). *Code of Practice: Prevention and reduction of ochratoxin A contamination in coffee.* ICO. http://ico.org/documents/ed-2074e-ota.pdf

31. Farah, A. (2006, March 1). *Phenolic compounds in coffee.* Scielo Brazil. https://www.scielo.br/j/bjpp/a/cbSqnBPFFvhRTvKFm6WNQWC/?lang=en

32. International Trade Centre. *12.10.4-Quality control issues-Phenolic taste, Rio flavour, Fermented.* https://www.intracen.org/coffee-guide/quality-control-issues/phenolic-taste-rio-flavour-fermented/

33. Puckette, M. (2019, September 7). *Pyrazines: Why Some Wines Taste like Bell Pepper.* Wine Folly. https://winefolly.com/tips/pyrazines-why-some-wines-taste-like-bell-pepper/

34. *CIRAD: The bacterium behind "potato taste" in coffee has been identified.* (2017, January 20). Forests, Trees and Agroforestry. https://www.foreststreesagroforestry.org/news-article/

cirad-the-bacterium-behind-potato-taste-in-coffee-has-been-identified/

35. Gueule, D., et al. (2015). Pantoea coffeiphila sp. nov., cause of the 'potato taste' of Arabica coffee from the African Great Lakes region. *International Journal of Systematic and Evolutionary Microbiology, 65*(Pt_1), 23–29. https://doi.org/10.1099/ijs.0.063545-0

36. *Incoterms® rules.* (2021, June 22). ICC - International Chamber of Commerce. https://iccwbo.org/resources-for-business/incoterms-rules/

37. Subramanian, S. (2021, September 15). *Is fair trade finished?* The Guardian. https://www.theguardian.com/business/2019/jul/23/fairtrade-ethical-certification-supermarkets-sainsburys

38. Madison, C. (2020, December 24). *Heating Things Up – An Introduction to Thermodynamics in Coffee Roasting.* Royal Coffee. https://royalcoffee.com/heating-things-up-an-introduction-to-thermodynamics-in-coffee-roasting/

39. Kauffman, George B. and Jean-Pierre Adloff. (2013, January 26). The Centenary of the Maillard Reaction. The Chemical Educator. http://chemeducator.org/bibs/0018001/18130009.html

40. *Quality standards for "Excelso" Colombian coffee are modified.* (2020, September 5). Federación Nacional de Cafeteros. https://federaciondecafeteros.org/wp/listado-noticias/quality-standards-for-excelso-colombian-coffee-are-modified/

41. *Grading and Classification of Green Coffee.* Good Hygiene Practices along the coffee chain. International Coffee Organization. http://www.ico.org/projects/Good-Hygiene-Practices/cnt/cnt_en/sec_3/docs_3.3/Grading%20&%20class.pdf

42. Leonel, L. E. (2007, September). *Effects of altitude, shade, yield and fertilization on coffee quality (Coffea arabica L. var. Caturra) produced in agroforestry systems of the Northern Central Zones of Nicaragua.* http://www.academia.edu/2243574/Effects_of_altitude_shade_yield_and_fertilization_on_coffee_quality_Coffea_arabica_L._var._Caturra_produced_in_agroforestry_systems_of_the_Northern_Central_Zones_of_Nicaragua

43. Wintgens, J. N. (2012). *Coffee - Growing, Processing, Sustainable Production: A Guidebook for Growers, Processors, Traders and Researchers (2nd ed.).* Wiley-VCH.

44. Wintgens, J. N. (2012). Coffee - Growing, Processing, Sustainable Production: A Guidebook for Growers, Processors, Traders and Researchers (2nd ed.). Wiley-VCH.

45. *Summary of Coffee Technical Literature Regarding Green Bean Moisture and Color.* Songer & Associates. https://tastingcoffee.com/papers-full/summary-of-coffee-technical-literature-regarding-green-bean-moisture-and-color/

46. The Coffee Guide, Fourth Edition. (2021, October 1). International Trade Centre. https://www.intracen.org/publications/Coffee-Guide/

47. *Storage of Coffee.* Good Hygiene Practices along the coffee chain. International Coffee Organization. http://www.ico.org/projects/Good-Hygiene-Practices/cnt/cnt_sp/sec_3/docs_3.3/Storage.pdf

48. *Recommended Coffee Warehouse Storage Practices.* Green Coffee Association. https://greencoffeeassociation.org/wp-content/uploads/2021/03/GCA-Recommended-Warehouse-Storage-Guidelines.pdf

49. Kornman, C. (2018, September 26). *Freezing Green Coffee: A Tale of Infestation, Treatment and Consequences.* Daily Coffee News by Roast Magazine. https://dailycoffeenews.com/2018/03/15/freezing-green-coffee-a-tale-of-infestation-treatment-and-consequences/

50. Baumann, T. W., et al. (1998). Non-destructive analysis of natural variability in bean caffeine content of Laurina coffee. *Phytochemistry*, *49*(6), 1569–1573. https://doi.org/10.1016/s0031-9422(98)00215-5

51. Yuyama, P. M., et al. (2015). Transcriptome analysis in Coffea eugenioides, an Arabica coffee ancestor, reveals differentially expressed genes in leaves and fruits. *Molecular Genetics and Genomics*, *291*(1), 323–336. https://doi.org/10.1007/s00438-015-1111-x

52. Weinberg, B. A., & Bealer, B. K. (2002). *The World of Caffeine: The Science and Culture of the World's Most Popular Drug* (1st ed.). Routledge.

53. Aubrey, A. (2006, September 28). *Coffee: A Little Really Does Go a Long Way*. National Public Radio. http://npr.org/templates/story/story.php?storyId=6155178

54. Landolt, H. P. (2021, October 22). *Will it keep me awake? Common coffee / caffeine intake habits and sleep in real life situations [Online Seminar]*. World Wide Neuro Sussex Vision Talks.

55. Landolt, H. P. (2021, October 22). *Will it keep me awake? Common coffee / caffeine intake habits and sleep in real life situations [Online Seminar]*. World Wide Neuro Sussex Vision Talks.

56. Pardes, A. (2014, December 22). *How Much Caffeine Will Kill You?* VICE. http://vice.com/en/article/exmwka/how-much-caffeine-will-kill-you-127

57. *How is caffeine removed to produce decaffeinated coffee?* (1999, October 21). Scientific American. https://www.scientificamerican.com/article/how-is-caffeine-removed-t/

58. Fabricant, F. (1984, August 1). *A Coffee Drinker's Guide to Decaffeinated Brands*. The New York Times. https://www.nytimes.com/1984/08/01/garden/a-coffee-drinker-s-guide-to-decaffeinated-brands.html?pagewanted=all

59. Air Quality Guidelines - Second Edition. (2000). WHO Regional Office for Europe, Copenhagen, Denmark. http://euro.who.int/___data/assets/pdf_file/0013/123061/AQG2ndEd_5_7Dichloromethane.pdf

60. Pearce, F. (2017, June 27). *Ozone layer recovery will be delayed by chemical leaks*. New Scientist. https://www.newscientist.com/article/2138753-ozone-layer-recovery-will-be-delayed-by-chemical-leaks/

61. *Methylene Chloride | Environmental Health and Safety*. (n.d.). The University of Iowa. https://ehs.research.uiowa.edu/methylene-chloride

62. Emden, L. (2021, March 5). *Decaffeination 101: Four Ways to Decaffeinate Coffee*. Coffee Confidential. http://coffeeconfidential.org/health/decaffeination/

63. Clean Label Project. (2020, January). *Decaf Coffee: Our Point of View*. https://cdn1.cleanlabelproject.org/app/uploads/20200115024034/CLP-Decaf-Coffee-White-Paper.pdf